Jean Anouilh

LE VOYAGEUR
SANS
BAGAGE

Jean Anouilh

LE VOYAGEUR
SANS
BAGAGE

Edited by

DIANE BIRCKBICHLER
ANN DUBÉ
WALTER MEIDEN

The Ohio State University

HOLT, RINEHART AND WINSTON
New York   Toronto   London

Permission to use the text of *Le Voyageur sans bagage*, © Edition de la TABLE RONDE, 1958, is gratefully acknowledged to the publisher.

Library of Congress Catalog Card Number: 72-84084

Printed in the United States of America

ISBN 0-03-088529-9

3 4 5   090   9

Preface

A classroom edition of Anouilh's *Le voyageur sans bagage* is appropriate partly because the play deserves a place in present-day French literature, partly because it centers around a problem of interest to students, and partly because it is written in a language which can be easily understood by intermediate students of French.

To facilitate reading, two types of vocabulary assistance have been provided on each page:

1) In the margin we have glossed words which might not be known to a large number of readers and which do not occur very frequently.

2) In the footnotes we have translated groups of words which could pose problems for the inexperienced reader.

After the text of the play there are the following helps:

1) Questions in French
   a) on plot development — to serve to test the student on his comprehension of the material assigned and as a vehicle for conversation during the class hour;
   b) on general aspects of the basic themes of the play to stimulate discussion.

2) Aids for increasing reading ability
   a) lists of *words to study and learn,* consisting of common recurring vocabulary items which the student of intermediate French should make a part of his recognition vocabulary. They may serve as check lists to students who wish to test their knowledge of them and as a basis of vocabulary drill to the teacher;
   b) lists of *idioms and words with special meaning,* presented to make the learner aware of their existence and to focus his attention on them;
   c) exercises consisting of short groups of French sentences which contain the idioms and words with special meaning given in the lists immediately preceding them. These exercises are designed to afford the learner a means of testing his ability to recognize these items in sentences.

A number of friends and colleagues have generously helped us in the preparation of this edition. We wish to thank Professors Pierre Astier, Charles Carlut, and Charles Williams of the Ohio State University, and Miss Naomi Lisle of Fremont, Ohio for their suggestions on the *Introduction*. We are greatly obligated to our former colleague, Miss Lyla Haggard, for her very careful reading of the edited text and for her many useful comments. We are grateful to our colleagues Professor Thérèse Bonin and Mr. Jacques Wendel for their help on various aspects of the play and to Mr. Mitchell Imhoff for his careful reading of the proofs. To Mrs. Josette Wilburn of our Department we are especially and very deeply indebted for her numerous and excellent suggestions of exact English equivalents of so many of the idiomatic French expressions as well as for her generous help on the *Introduction* and in all other phases of our editing.

D. B.

A. D.

W. M.

Table of Contents

Introduction

The Author

One of the reasons that Jean Anouilh is among France's most popular contemporary playwrights is his concern for many of the problems which occupy the attention of the present generation: man's solitude; the necessity of creating one's destiny through personal choice; individual liberty in the face of social conformity; the conflict between material possessions and love and between corruption and idealism; class prejudices. He treats these problems over and over again in his works.

Anouilh considers himself a simple artisan "who turns out plays as others manufacture chairs,"[1] and, in fact, he is a most prolific writer. However, in view of his theatrical craftsmanship and the unusual way in which he handles his themes, he should not be dismissed as a mere artisan. As Jacques Guicharnaud puts it, Anouilh is a successful playwright "capable of satisfying the tastes of an ordinary as well as an intellectual public," but does not represent "a compromise between a high ideal of theater and facility."[2]

One tends to turn to the life of an author to find in his past the possible sources of his major themes. This, however, is difficult in the case of Anouilh, who is reluctant to talk about his life. "Je n'ai pas de biographie," replied Anouilh to a request for biographical background, "et j'en suis content."[3] Because of his aversion to publicity, all but the most general details of his life remain a personal matter.

Anouilh, born in Bordeaux in 1910, was brought up in Paris. As an eight-year old, he was already spending his summer evenings at the theater, despite the fact that his parents made him return home at the intermission. At the age of ten he began to write short plays, and he completed his first full-length drama when he was sixteen. After finishing his secondary school education in a Paris *collège*,

----

[1] Luppé, Robert de, *Jean Anouilh* (Paris, Edition Universitaire, 1959), p. 13
[2] Guicharnaud, Jacques, *The Modern French Theater from Giraudoux to Beckett* (Yale University Press, 1961), p. 112
[3] Gignoux, Hubert, *Jean Anouilh* (Paris, 1946), p. 9

Anouilh studied law for a year and a half and then worked in the Damour advertising agency for two years. Subsequently, a position as secretary to the well-known theatrical director and producer Louis Jouvet again brought him into contact with the theater, which he had never ceased to love. He began to show his playwriting efforts to Jouvet, who was less than encouraging to the aspiring dramatist. In fact, his only help was to lend Anouilh the stage furniture from Jean Giraudoux's *Siegfried*[4] when the newly-married Anouilh could not afford to furnish his meager apartment. Undaunted by Jouvet's lack of encouragement, Anouilh continued to write and after winning praise from literary critics for his *L'Hermine* in 1932, he decided to devote himself entirely to the theater. Some of the better known of the numerous plays that followed are *Le bal des voleurs* (1932), *Le voyageur sans bagage* (1936), *Antigone* (1942), and *Becket ou l'honneur de Dieu* (1958). In more recent years, Anouilh has presented plays such as *Le boulanger, la boulangère et le petit mitron* (1968), *Cher Antoine ou l'amour raté* (1969), and *Ne réveillez pas madame* (1970).

Some of Anouilh's critics have considered his facile style as a detracting feature of his writing. It is true that in many of Anouilh's plays the characters and plots fail to attain the philosophical dimension achieved by existentialist writers such as Jean-Paul Sartre. Nor do his characters behave absurdly in order to portray the illogical nature of life as do those of an "absurdist" playwright like Ionesco. Yet, Anouilh's skill in handling themes and characters and, in general, his dramatic creativity, are undeniable.

The Play

Le voyageur sans bagage[5] was written at a time when the First World War was still a living memory and the fear of a second world war loomed large in Europe. The main character of the play, Gaston, is an amnesia victim of the First War. For the eighteen years since the war he has led an anonymous existence in an asylum where first Dr. Bonfant and then Dr. Jibelin have tried in vain to restore his memory. During this period, Gaston has been introduced to countless families, each hoping to recognize in this nameless victim a relative lost in the war.

The play opens in the living room of the Renaud's provincial estate. Gaston, who has just arrived from the asylum, is accompanied by his lawyer, Maître

---

[4] It is interesting to note that Jean Giraudoux's *Siegfried*, which like *Le voyageur sans bagage* treated the problem of a war amnesiac, was one of the primary influences in the writing of Anouilh's play.

[5] In French *bagage(s)* has the literal meaning of luggage and the figurative meaning of the sum total of what one has learned.

Huspar, and the Duchess (the dowager aunt of Gaston's doctor), who is relentlessly bent on identifying him as a member of one of the "better" families of France. She has selected the wealthy bourgeois Renauds as the most socially acceptable among the families who are trying to claim Gaston.

Once the Renauds confront Gaston, they immediately assume him to be their lost son Jacques, whose selfish and loathsome personality gradually emerges through the Renauds' recollections of him and through the manner in which they treat Gaston. The somewhat humorous comments of the servants further reveal the character of Jacques.

Gaston, during his eighteen years in the asylum, has been untouched by the realities and responsibilities of human existence and has created for himself an ideal personality and past. But as the Duchess and the Renauds try to pressure Gaston to accept the identity of Jacques as his own, he is forced to choose between the peaceful personality he has assumed in the asylum and the turbulent and vicious character of Jacques Renaud. It is the contrast between the purity and innocence of Gaston on the one hand and the sordid reality of Jacques' past on the other, which provides the basic tension in *Le voyageur sans bagage*.

The Renauds (Madame Renaud, her son Georges, and his wife Valentine) are portrayed as self-centered "unfortunates" who have rendered not only their own lives miserable but also the lives of those around them. The selfishness of their existence is exaggerated to the point of caricature. At the same time, however, the author treats them in a sufficiently sympathetic manner to make them living human beings rather than mere symbols of ugliness. On the other hand, the Dutchess, Huspar, and the family servants have been presented as thoroughly one-dimensional characters who serve to lighten the blackness of the drama and to act, to a certain extent, as catalysts in its development.

A major theme of *Le voyageur sans bagage* is the individual's search for identity. The external world is trying to impose on the protagonist an identity which is almost certainly the one he had before the war. But the individual rejects that past in order to choose his own identity. Gaston prefers to give up, to abandon the search for his real self, rather than to return to an environment in which the old surroundings would destroy the ideal of purity which he has created for himself. In doing this, he becomes an escapist — a man who evades a problem instead of facing it. The solution provided by the author may be seen as idealistic rather than realistic, but it will appeal to those who feel that one has the right to individual liberty and control over one's own destiny.

Jean Anouilh

LE VOYAGEUR
SANS
BAGAGE

PERSONNAGES

GASTON, *amnésique*.

GEORGES RENAUD, *son frère présumé*.

MADAME RENAUD, *mère présumée de Gaston*.

VALENTINE RENAUD, *femme de Georges*.

LA DUCHESSE DUPONT-DUFORT, *dame patronnesse*.

MAÎTRE HUSPAR, *avoué, chargé des intérêts de Gaston*.

LE PETIT GARÇON

MAÎTRE PICWICK, *avocat du petit garçon*.

LE MAÎTRE D'HÔTEL ⎫
LE CHAUFFEUR ⎪   *domestiques*
LE VALET DE CHAMBRE ⎬   *de la*
LA CUISINIÈRE ⎪   *famille Renaud.*
JULIETTE ⎭

The sign ° indicates that the meaning of the word is given in the margin.

2

PREMIER TABLEAU

Le salon d'une maison de province très cossue°, avec une large   luxurious
vue sur un jardin[1] à la française. Au lever du rideau la scène est
vide, puis le maître° d'hôtel introduit° la duchesse Dupont-   butler / ushers in
Dufort, maître Huspar[4] et Gaston.

5   LE MAÎTRE D'HÔTEL

Qui dois-je annoncer, Madame ?

                    LA DUCHESSE

La duchesse Dupont-Dufort, maître[2] Huspar, avoué[3], et
Monsieur...

10   *Elle hésite.*

Monsieur Gaston.

                                        A Huspar.

Nous sommes bien obligés de lui donner ce nom jusqu'à
nouvel ordre.

15   LE MAÎTRE D'HÔTEL, *qui a[5] l'air au courant.*

Ah! Madame la duchesse voudra[6] bien excuser Monsieur et
Madame, mais Madame la duchesse n'était attendue° par   expected
Monsieur et Madame qu'au train de 11 heures 50. Je vais
faire prévenir immédiatement Monsieur et Madame de la
20 venue de Madame la duchesse.

....

[1] *a garden in the French style* (i.e., with a formal symmetrical design)
[2] The customary title given to **avoués** and **avocats.**
[3] A special type of French lawyer who, up to September 1972, prepared briefs; the **avocat**
   pleaded the case before the court. Since then these functions have been combined under
   the term **avocat.**
[4] *until further developments*; there is a hint that *Gaston* is not really his name.
[5] *seems to be aware of the situation*
[6] *will be kind enough*

3

withdraw

madly

LA DUCHESSE, *le regardant s'éloigner°*.

Parfait, ce maître d'hôtel!... Ah! mon petit Gaston, je suis follement° heureuse. J'étais sûre que vous étiez le fils d'une excellente famille.

HUSPAR   5

Ne[7] vous laissez pas emporter par l'enthousiasme. N'oubliez pas qu'en plus de ces Renaud nous[8] avons encore cinq familles possibles.

LA DUCHESSE

Ah! non, maître... Quelque chose me dit que Gaston va 10 reconnaître ces Renaud pour les siens[9]; qu'il va retrouver dans cette maison l'atmosphère de son passé. Quelque chose me dit que c'est ici qu'il va retrouver sa mémoire. C'est un instinct de femme qui m'a rarement trompée.

yields

HUSPAR *s'incline° devant un tel argument.*   15

Alors...

Gaston s'est mis à regarder les tableaux sans s'occuper d'eux, comme un enfant en visite.

addressing him

you feel some emotion

LA DUCHESSE, *l'interpellant°*.

Eh bien, Gaston, vous° êtes ému, j'espère?   20

GASTON

Pas trop.

sighs

LA DUCHESSE *soupire°*.

Pas trop! Ah! mon ami, je me demande parfois si[10] vous vous rendez compte de ce que votre cas a de poignant?   25

GASTON

Mais, Madame la duchesse...

LA DUCHESSE

Non, non, non. Rien de ce que vous pourrez me dire ne m'ôtera[11] mon idée de la tête. Vous ne vous rendez pas 30

confess

compte. Allons, avouez° que vous ne vous rendez pas compte.

---

[7] *Don't let yourself be carried away*
[8] In other words, five families other than the Renaud family are claiming Gaston.
[9] *his* (i.e., his family)
[10] *whether you realize how heartrending your case is*
[11] *will get this idea out of my head*

GASTON

Peut-être pas très bien, Madame la duchesse.

LA DUCHESSE, *satisfaite.*

Ah! vous êtes tout au moins un charmant garçon et qui sait
5 reconnaître ses erreurs. Cela, je ne cesse de le répéter. Mais
il[12] n'en demeure pas moins vrai que votre insouciance°, — lack of concern
votre désinvolture° sont extrêmement blâmables°. N'est-ce — free and easy manner / blameworthy
pas, Huspar?

HUSPAR

10 Mon Dieu, je...

LA DUCHESSE

Si, si. Il[13] faut me soutenir, voyons, et lui faire comprendre
qu'il doit être ému.

Gaston s'est remis à regarder les œuvres d'art.

15 Gaston!

GASTON

Madame la duchesse?

LA DUCHESSE

Êtes-vous de pierre?

20   GASTON

De pierre?

LA DUCHESSE

Oui, avez-vous le cœur plus dur que le roc?

GASTON

25 Je... je ne le crois pas, Madame la duchesse.

LA DUCHESSE

Excellente réponse! Moi non plus, je ne le crois pas. Et
pourtant, pour un observateur moins averti° que nous, — informed
votre[14] conduite laisserait croire que vous êtes un homme de
30 marbre°. — marble

---

[12] *it is nonetheless true*
[13] *You must back me up, after all*
[14] *your conduct would lead one to believe*

GASTON

Ah?

LA DUCHESSE

a victim of amnesia

Gaston, vous ne comprenez peut-être pas la gravité de ce que je vous dis? J'oublie *parfois* *sometimes* que je parle à un amnésique° et 5 qu'il[15] y a des mots que vous avez pu ne pas réapprendre depuis dix-huit ans. Savez-vous ce[16] que c'est que du marbre?

GASTON

De la pierre.

LA DUCHESSE   10

C'est bien. Mais savez-vous encore quelle sorte de pierre? La pierre la plus dure, Gaston. Vous m'entendez?

GASTON

Oui.

LA DUCHESSE   15

Et cela ne vous fait rien que je compare votre cœur à la pierre la plus dure?

embarrassed

Well, no

GASTON, *gêné°*.

Ben° non...

Un temps. 20

Ça[17] me ferait plutôt rigoler.

LA DUCHESSE

Avez-vous entendu, Huspar?

HUSPAR, *pour arranger*[18] *les choses.*

C'est un enfant.   25

decisively

LA DUCHESSE, *péremptoire°*.

ungrateful person

Il n'y a plus d'enfants: c'est un ingrat°.

A Gaston.

---

there are words that you haven't been able to relearn in eighteen years (i.e., the time Gaston has spent in the sanitarium)

[16] *what marble is*
[17] *That would be more likely to make me laugh.*
[18] *fix things up*

thus

Ainsi, vous êtes un des cas les plus troublants de la psychiatrie;
une des énigmes les plus angoissantes° de la Grande° Guerre — agonizing / World War I
et, si je traduis bien votre grossier° langage[19], cela vous fait vulgar
rire? Vous êtes, comme l'a dit très justement un journaliste
5 de talent, le soldat[20] inconnu vivant — et cela vous fait
rire? Vous êtes donc incapable de respect, Gaston?

GASTON

since

Mais puisque c'est moi...

LA DUCHESSE

10 Il n'importe! Au nom de ce que vous représentez, vous
devriez vous interdire° de rire de vous-même. Et j'ai[21] l'air forbid
de dire une boutade, mais elle exprime le fond° de ma essence
pensée: quand[22] vous vous rencontrez dans une glace, vous
devriez vous tirer le chapeau, Gaston.

gesture of respect *Because he represents the unknown soldier*

15 GASTON

Moi[23]... à moi?

LA DUCHESSE

dreamer

Oui, vous à vous! Nous le faisons bien° tous, en songeant à certainly
ce que vous personnifiez. Qui[24] vous croyez-vous donc pour
20 en être dispensé?

GASTON

Personne, Madame la duchesse.

LA DUCHESSE

Mauvaise réponse! Vous vous croyez quelqu'un de très
25 important. Le bruit° que les journaux ont fait autour de (here) fuss
votre cas vous a tourné la tête, voilà tout.

Il veut parler.

Ne répliquez rien, vous me fâcheriez!

Il baisse la tête et retourne aux œuvres d'art.

30 Comment le trouvez-vous, Huspar?

---

[19] *manner of speech* as opposed to **langue**, which means *language*.
[20] The **soldat inconnu** represents the numerous unidentified soldiers who died in World War I;
the **soldat inconnu vivant** represents a living victim of the same war.
[21] *I seem to be joking*
[22] *you should tip your hat to yourself, Gaston, when you see yourself in a mirror*
[23] *I (should tip my hat) to myself?*
[24] *Who do you think you are to be exempt from it?*

HUSPAR

Lui-même, indifférent.

LA DUCHESSE

Indifférent. C'est le mot. Je l'avais depuis huit jours sur
le[25] bout de la langue et je ne pouvais pas le dire. Indif- 5
férent! c'est tout à fait cela. C'est[26] pourtant son sort qui
se joue, que diable! Ce n'est pas nous qui avons perdu
la mémoire, ce n'est pas nous qui recherchons notre famille?
N'est-ce pas, Huspar?

HUSPAR   10

Certainement non.

LA DUCHESSE

Alors?

shrugging / indifferent

HUSPAR, *haussant° les épaules, désabusé°.*

Vous[27] avez encore les illusions d'une foi neuve. Voilà des 15
années qu'il oppose cette inertie à toutes nos tentatives.

LA DUCHESSE

Il est impardonnable en tout cas de ne pas reconnaître
le[28] mal que mon neveu se donne pour lui. Si vous saviez

devotion / takes care of /
(here) dedication / task

avec quel admirable dévouement° il le soigne°, quel cœur° il 20
met à cette tâche°! J'espère qu'avant de partir il[29] vous a
confié l'événement?

HUSPAR

Le docteur Jibelin[30] n'était pas à l'asile lorsque[31] je suis passé
prendre les dossiers de Gaston. Je n'ai malheureusement pas 25
pu l'attendre.

LA DUCHESSE

Que me dites-vous, Maître? Vous n'avez pas vu mon petit
Albert avant votre départ? Mais vous ne savez donc pas la
nouvelle?   30

---

[25] *the tip of my tongue*
[26] *But for heaven's sake, it's his future that's at stake!*
[27] *You're naïve. (lit. You still have the illusions of a newly converted person.) For years he
has met all our attempts with this apathy.*
[28] *the trouble my nephew goes to for him*
[29] *he told you the great news*
[30] *The Duchess's nephew, who is also Gaston's psychiatrist.*
[31] *when I went by to get Gaston's files*

HUSPAR

Quelle nouvelle?

LA DUCHESSE

Au dernier abcès[32] de fixation qu'il lui a fait, il a réussi à le
5 faire parler dans son délire. Oh! il[33] n'a pas dit grand-chose.
Il a dit : «Foutriquet°.»   "Jerk."

HUSPAR

Foutriquet?

LA DUCHESSE

10 Foutriquet, oui. Vous me direz que c'est peu de chose, mais
ce qu'il y a d'intéressant, c'est que c'est un mot, qu'éveillé°,   awake
personne ne lui a jamais entendu prononcer, un mot que
personne ne se rappelle avoir prononcé devant lui, un mot
qui a donc toutes chances d'appartenir à son passé.

15   HUSPAR

Foutriquet?

LA DUCHESSE

Foutriquet. C'est un très petit indice°, certes°, mais c'est déjà   clue / certainly
quelque chose. Son passé n'est plus un trou noir. Qui sait si
20 ce foutriquet-là ne nous mettra pas sur[34] la voie?

                                        Elle rêve.

Foutriquet... Le surnom° d'un ami, peut-être. Un juron°   nickname / swear word
familier°, que[35] sais-je? Nous avons au moins une petite base,   commonly used
maintenant.

25   HUSPAR, *rêveur°.*   dreamily
Foutriquet...

                   LA DUCHESSE *répète, ravie°.*   delighted

Foutriquet. Quand Albert est venu m'annoncer ce résultat
inespéré, il m'a crié en entrant : «Tante, mon malade a dit un
30 mot de son passé : c'est un juron!» Je tremblais, mon cher.
J'appréhendais° une ordure°. Un garçon qui a l'air si char-   feared / something filthy
mant, je serais désolée qu'il fût d'extraction[36] basse. Cela[37]

---

[32] An artificial abcess induced by an injection in order to localize a sickness — here the loss
of Gaston's memory.
[33] *he didn't say very much.* The expression **grand-chose** is normally used only in the negative.
[34] *on the right track*
[35] *who knows?*
[36] *of humble origin*
[37] *What a waste of effort that would be for my little Albert to have spent his nights —*

got thin

buttocks / chap

bricklayer

romantic

patient

serait bien la peine que mon petit Albert ait passé ses nuits —
il en a maigri°, le cher enfant — à l'interroger et à lui faire
des abcès à la fesse°, si le gaillard° retrouve sa mémoire pour
nous dire qu'avant la guerre il était ouvrier° maçon! Mais
quelque chose me dit le contraire. Je suis une romanesque°, 5
mon cher Maître. Quelque chose me dit que le malade° de
mon neveu est un homme extrêmement connu. J'aimerais
un auteur dramatique. Un grand auteur dramatique.

HUSPAR

Un homme très connu, c'est peu probable. On l'aurait déjà 10
reconnu.

LA DUCHESSE

ordeal

Les photographies étaient toutes mauvaises... Et puis la
guerre est une telle épreuve°, n'est-ce pas?

HUSPAR   15

Je ne *me rappelle* ¹ d'ailleurs pas avoir entendu dire qu'un
auteur dramatique connu ait[38] été porté disparu à l'ennemi
pendant les hostilités. Ces[39] gens-là notifient dans les magazines leurs moindres déplacements, à plus forte raison leur
disparition.   20

LA DUCHESSE

aristocrat

appearance

Ah! Maître, vous êtes cruel! Vous détruisez un beau rêve.
Mais c'est tout de même un homme° de race, cela j'en suis
sûre. Regardez l'allure° qu'il a avec ce costume. Je l'ai fait
habiller par le tailleur d'Albert.   25

monocle

HUSPAR, *mettant son lorgnon°.*

Mais, en effet, je me disais : «Je ne reconnais pas le costume
de l'asile...»

LA DUCHESSE

Vous ne pensez pas tout de même, mon cher, que puisque 30
j'avais décidé de le loger au château et de[40] promener moi-
même dans les familles qui le réclament le malade de mon

flannel

neveu, j'allais le supporter vêtu de pilou° gris?

---

[38] *was reported missing*
[39] *These people always notify the magazines of their slightest movements and especially of their
disappearance.*
[40] *personally to parade around my nephew's patient in the families that claim him*

HUSPAR

Ces confrontations[41] à domicile sont une excellente idée.

LA DUCHESSE

N'est-ce pas? Mon petit Albert l'a dit dès qu'il l'a pris en
5 main. Ce qu'il faut pour qu'il retrouve son passé, c'est le
replonger° dans l'atmosphère même de ce passé. De là à   immerse again
décider de le conduire chez les quatre ou cinq familles qui ont
donné les preuves les plus troublantes, il n'y avait qu'un pas.
Mais Gaston n'est pas son unique malade, il[42] ne pouvait
10 être question pour Albert de quitter l'asile pendant le temps
des confrontations. Demander[43] un crédit au ministère pour
organiser un contrôle sérieux? Vous savez comme ces gens-là
sont chiches°. Alors, qu'auriez-vous fait à ma place? J'ai   stingy
répondu : «Présent!» Comme en 1914.
15   HUSPAR

Admirable exemple!

LA DUCHESSE

Quand je pense que du temps du docteur Bonfant[44] les
familles venaient en vrac° tous les lundis à l'asile, le voyaient   droves
20 quelques minutes chacune et s'en retournaient par le premier
train!... Qui retrouverait ses père et mère dans de telles
conditions°, je vous le demande? Oh! non, non, le docteur   circumstances
Bonfant est mort, c'est bien, nous avons le devoir de nous
taire, mais le moins qu'on pourrait dire, si le[45] silence au-dessus
25 d'une tombe n'était pas sacré, c'est qu'il était une mazette°   fool
et un criminel.

HUSPAR

Oh! un criminel...

LA DUCHESSE

30 Ne[46] me mettez pas hors de moi. Je voudrais qu'il ne fût
pas mort pour lui jeter le mot à la face. Un criminel! C'est

---

[41] *meetings in the home*
[42] *there was no question of* (The word **pas** may be omitted after negative forms of **pouvoir, oser, cesser,** and **savoir** when they are followed by a dependent infinitive.)
[43] *Ask the ministry* (probably the Bureau of Missing Persons) *for funds to carry out an official investigation?*
[44] The former doctor, whom Albert has replaced.
[45] *respect for the dead* (lit. *silence over the tomb*)
[46] *Don't exasperate me.*

has been languishing

sa faute si ce malheureux se traîne° depuis 1918 dans les asiles. Quand je pense qu'il l'a gardé à Pont-au-Bronc[47] pendant près de quinze ans sans lui faire dire un mot de son passé et que mon petit Albert qui ne l'a que depuis trois mois lui a déjà fait dire «Foutriquet», je suis confondue°! C'est 5 un grand psychiatre, Maître, que[48] mon petit Albert.

overwhelmed

HUSPAR

Et un charmant jeune homme.

LA DUCHESSE

handwriting / analyses
chemical / investigations /
   police / spared

Le cher enfant! Avec lui, heureusement tout cela est en train 10 de changer. Confrontations, expertises° graphologiques, analyses chimiques°, enquêtes° policières°, rien de ce qui est humainement possible ne sera épargné° pour que son malade retrouve les siens. Côté[49] clinique également, Albert est décidé à le traiter par les méthodes les plus modernes. Songez 15 qu'il a fait déjà dix-sept abcès de fixation!

HUSPAR

Dix-sept!... Mais[50] c'est énorme!

LA DUCHESSE, *ravie.*

risky

C'est énorme! et extrêmement courageux de la part de mon 20 petit Albert. Car il[1] faut bien le dire : c'est risqué°.

HUSPAR

Mais Gaston?

LA DUCHESSE

sieve

skin

De quoi pourrait-il se plaindre? Tout est pour son bien. Il 25 aura le derrière comme une écumoire° sans doute, mais il retrouvera son passé. Et notre passé, c'est le meilleur de nous-mêmes! Quel[2] homme de cœur hésiterait entre son passé et la peau° de son derrière?

HUSPAR   30

La[3] question ne se pose pas.

---

[47] The sanitarium where Gaston has spent the last fifteen years.
[48] This **que** is not translatable.
[49] *From the clinical point of view also*
[50] *But that's a lot!*

[1] *it really must be said*
[2] *What man of honor would hesitate* (i.e., no one but a coward would hesitate)
[3] *The question doesn't arise.*

LA DUCHESSE *avisant° Gaston qui passe près d'elle.*   *noticing*

N'est-ce pas, Gaston, que vous êtes infiniment reconnaissant

au docteur Jibelin de mettre[4] — après tant d'années perdues

par le docteur Bonfant — tout en œuvre pour vous rendre

5 à votre passé?

GASTON

Très reconnaissant, Madame la duchesse.

LA DUCHESSE, *à Huspar.*

Je ne le lui fais pas dire.

10   *A Gaston.*

Ah! Gaston, mon ami, comme c'est émouvant°, n'est-ce   *touching*

pas, de se dire que derrière cette porte il y a peut-être un

cœur de mère qui bat, un vieux père qui se prépare à vous

tendre les bras!

15   GASTON, *comme un enfant.*

Vous savez, j'en[5] ai tellement vu de vieilles bonnes femmes

qui se trompaient et m'embrassaient° avec leur nez humide;   *kissed*

de vieillards en erreur qui me frottaient° à leur barbe...   *rubbed*

Imaginez un homme avec près de quatre cents familles,

20 Madame la duchesse. Quatre cents familles acharnées° à   *intent upon*

le chérir°. C'est beaucoup.   *cherish*

LA DUCHESSE

Mais des petits enfants, des bambinos! Des bambinos qui

attendent leur papa. Oserez-vous dire que vous[6] n'avez pas

25 envie de les embrasser ces mignons, de les faire sauter sur

vos genoux?

GASTON

Ce[7] serait mal commode, Madame la duchesse. Les plus

jeunes doivent avoir une vingtaine d'années.

30   LA DUCHESSE

Ah! Huspar... Il éprouve le besoin de profaner les choses les

plus saintes!

---

[4] **mettre... tout en œuvre** *get...things moving*
[5] *I've seen so many little old ladies*
[6] *you don't feel like kissing these little darlings*
[7] *That would be very awkward*

GASTON, *soudain rêveur.*

Des enfants... J'en[8] aurais en ce moment, des petits, des vrais, si on m'avait laissé vivre.

LA DUCHESSE

Vous savez bien que c'était impossible!   5

GASTON

Pourquoi? Parce que je ne me rappelais rien avant le soir de printemps 1918 où l'on m'a découvert dans une gare[9] de triage?

HUSPAR

alas

Exactement, hélas°!...   10

GASTON

Cela a fait peur aux gens sans doute qu'un homme puisse vivre sans passé. Déjà[10] les enfants trouvés sont mal vus...

anyway / instill
(here) mature

Mais enfin° on a eu le temps de leur inculquer° quelques petites notions. Mais un homme, un homme fait°, qui avait à 15 peine de pays, pas de ville natale, pas de traditions, pas de nom... Foutre[11]! Quel scandale!

LA DUCHESSE

Mon petit Gaston, tout nous prouve, en tout cas, que vous

upbringing / forbidden

aviez besoin d'éducation°. Je vous ai déjà interdit° d'employer 20 ce mot.

GASTON

Scandale?

LA DUCHESSE

Non...   25

Elle hésite.

L'autre.

GASTON, *qui continue son rêve.*

police record
silverware

Pas de casier° judiciaire non plus... Y pensez-vous, Madame la duchesse? Vous me confiez votre argenterie° à table; au 30

---

[8] *I would have some now — little children — real ones* (Here, **en** anticipates **des petits, des vrais** and adds emphasis. This refers to children he might have had after the war, had he been allowed to lead a normal life.)

[9] *siding depot* (i.e., one in which freight cars are switched into the proper place to form a train)

[10] *Foundlings are badly thought of as it is...*

[11] A highly vulgar expletive.

château ma chambre est à deux pas de la vôtre... Et si j'avais
déjà tué trois hommes?

LA DUCHESSE

Vos yeux me disent que non.

5   GASTON

Vous avez de la chance qu'ils vous honorent de leurs confi-
dences. Moi, je les regarde quelquefois jusqu'à° m'étourdir   *until I get dizzy*
pour y chercher un peu de tout ce qu'ils ont vu et qu'ils ne
veulent pas rendre. Je n'y vois rien.

10   LA DUCHESSE, *souriant.*

Vous n'avez pourtant pas tué trois hommes, rassurez-vous.
Il[12] n'est pas besoin de connaître votre passé pour le savoir.

GASTON

On m'a trouvé devant un train de prisonniers venant d'Alle-
15 magne. Donc j'ai été au front. J'ai[13] dû lancer, comme les
autres, de ces choses qui sont si dures à recevoir sur nos
pauvres peaux d'hommes qu'une épine de rose fait saigner.
Oh! je me connais, je suis un maladroit°. Mais à la guerre   *clumsy person*
l'état-major° comptait° plutôt sur le nombre des balles que   *general staff / relied*
20 sur l'adresse° des combattants. Espérons cependant que je   *skill*
n'ai pas atteint° trois hommes...   *(here) hit*

LA DUCHESSE

Mais[14] que me chantez-vous là? Je veux croire que vous avez
été un héros, au contraire. Je parlais d'hommes tués dans[15]
25 le civil!

GASTON

Un héros, c'est vague aussi en temps de guerre. Le médisant°,   *backbiter*
l'avare°, l'envieux°, le lâche° même étaient condamnés par le   *miser / envious person /*
règlement° à être des héros côte à côte et presque de la même   *coward / (here) system*
30 façon.

LA DUCHESSE

Rassurez-vous. Quelque chose qui ne peut[16] me tromper me
dit — à moi — que vous étiez un garçon très bien élevé°.   *brought up*

---

[12] *There is no need*
[13] *I, like the other soldiers, must have launched some of these things that are so hard on our human
skins, which even a thorn would cause to bleed.*
[14] *But what are you going on about?*
[15] *in civilian life*
[16] Remember that when a negative form of **pouvoir, cesser, oser** or **savoir** is followed by an
infinitive, **pas** may be omitted.

GASTON

C'est une maigre[17] référence pour savoir si je n'ai rien fait de mal! J'ai dû chasser... Les garçons bien élevés chassent. Espérons aussi que j'étais un chasseur dont tout le monde riait et que je n'ai pas atteint trois bêtes.   5

Gaston est ne violent

LA DUCHESSE

Ah! mon cher, il[18] faut beaucoup d'amitié pour vous écouter sans rire. Vos[19] scrupules sont exagérés.

GASTON

J'étais si tranquille à l'asile... Je m'étais habitué à moi, je 10 me connaissais bien et voilà qu'il[20] faut me quitter, trouver un autre moi et l'endosser° comme une vieille veste°. Me reconnaîtrai-je demain, moi qui ne bois que de l'eau, dans le fils du lampiste° à[21] qui il ne fallait pas moins de quatre litres de gros rouge par jour? Ou, bien que je n'aie aucune 15 patience[22], dans le fils de la mercière° qui avait collectionné et classé par familles douze cents sortes de boutons?

Doesn't want to find his part of these families

LA DUCHESSE

Si j'ai tenu à commencer par ces Renaud, c'est que ce sont des gens° très bien.   20

GASTON

Cela veut dire qu'ils ont une belle maison, un beau maître d'hôtel, mais quel[23] fils avaient-ils?

LA DUCHESSE, *voyant entrer le maître d'hôtel.*

Nous allons le savoir à l'instant.   25

           Elle l'arrête d'un geste.

Une minute, mon ami, avant d'introduire vos maîtres. Gaston, voulez-vous vous retirer° un moment au jardin, nous vous ferons appeler.

GASTON   30

Bien, Madame la duchesse.

Margin glosses:
put it on / suit coat
lamp lighter
haberdasher
people with class
withdraw

---

[17] *meager basis*
[18] *one really has to like you*
[19] *You're too scrupulous.*
[20] *I've got to leave myself behind, find another self (i.e., identity)*
[21] *who needed no less than four liters* (about five quarts) *of cheap red wine a day?*
[22] Supply: **me reconnaîtrai-je demain**?
[23] *what kind of a son did they have?*

LA DUCHESSE, *le prenant à part.*

Et puis, dites-moi, ne m'appelez plus Madame la duchesse. C'était bon du temps où vous n'étiez que le malade de mon neveu.

5   GASTON

C'est entendu°, Madame.   *très formel*   agreed

LA DUCHESSE

Allez. Et n'essayez pas de regarder par le trou[24] de la serrure!

GASTON, *s'en allant.*

10 Je ne suis pas pressé. J'en ai déjà vu trois cent quatre-vingt-sept[25].

LA DUCHESSE, *le regardant sortir.*

Délicieux° garçon. Ah! Maître, quand je pense que le docteur   Delightful
Bonfant l'employait à bêcher[26] les salades, je frémis°!   shudder
15   *Au maître d'hôtel.*
Vous pouvez faire entrer vos maîtres, mon ami.
                          Elle prend le bras d'Huspar.
Je suis terriblement émue, mon cher. J'ai l'impression
d'entreprendre[27] une lutte sans merci contre la fatalité,   > foreshadowing
20 contre la mort, contre toutes les forces obscures du monde...   Gaston wants
Je me suis vêtue de noir, j'ai pensé que c'était le plus indiqué°. suitable to battle
          Entrent les Renaud. De grands bourgeois de province.   destiny

MADAME RENAUD, *sur le seuil°.*   threshold

Vous voyez, je vous l'avais dit! Il n'est pas là.

25   HUSPAR

Nous lui avons simplement dit de s'éloigner un instant, Madame.

GEORGES

Permettez-moi de me présenter. Georges Renaud.
30   *Présentant les deux dames qui l'accompagnent.*
Ma mère et ma femme.

---

[24] *keyhole*
[25] This refers to the number of families he has already seen.
[26] *to hoe lettuce* (lit. *to spade lettuce*)
[27] *that I am embarking on a pitiless struggle against fate*

HUSPAR

Lucien Huspar. Je suis l'avoué chargé° des intérêts matériels
du malade. Mme la duchesse Dupont-Dufort, présidente des
différentes œuvres° d'assistance du Pont-au-Bronc, qui, en
l'absence de son neveu, le docteur Jibelin, empêché de quitter 5
l'asile, a bien voulu se charger d'accompagner le malade.
                                                    Saluts[28].

in charge of

charitable organizations

LA DUCHESSE

Oui, je[29] me suis associée dans la mesure de mes faibles forces
à l'œuvre de mon neveu. Il s'est donné à cette tâche avec tant 10
de fougue°, avec tant de foi°!...

enthusiasm / (here) dedication

MADAME RENAUD

Nous[30] lui garderons une éternelle reconnaissance des soins
qu'il a donnés à notre petit Jacques, Madame... Et ma plus
grande joie eût[31] été de le lui dire personnellement.   15

LA DUCHESSE

Je vous remercie, Madame.

MADAME RENAUD

Mais je vous prie de m'excuser... Asseyez-vous. C'est une
minute si émouvante...   20

LA DUCHESSE

Je vous comprends tellement°, Madame!

so well

MADAME RENAUD

Songez, Madame, quelle peut être en effet notre impatience...
Il[32] y a plus de deux ans déjà que nous avons été à l'asile 25
pour la première fois...

GEORGES

Et, malgré nos réclamations° incessantes, il nous a fallu
attendre jusqu'aujourd'hui pour obtenir cette seconde
entrevue°.   30

complaints

interview

---

[28] *They greet each other.* (lit. *Greetings.*)
[29] *I have associated myself, as far as my feeble strength allows, with*
[30] *We will be eternally grateful to him*
[31] *would have been* (The pluperfect subjunctive sometimes replaces the past conditional in literary style.)
[32] *It has already been over two years since*

Huspar

Les dossiers étaient en si grand nombre, Monsieur. Songez
qu'il y a eu en France quatre cent mille disparus°. Quatre   missing persons
cent mille familles, et bien peu qui[33] acceptent de renoncer à
5 l'espoir, croyez-moi.

Madame Renaud

Mais deux ans, Monsieur!.. Et encore si vous saviez dans
quelles circonstances on nous l'a montré alors... Je pense que
vous en êtes innocente, Madame, ainsi que M. votre neveu,
10 puisque ce n'est pas lui qui dirigeait° l'asile à cette époque...   was directing
Le malade est passé près de nous dans une bousculade°, sans[34]   jostling crowd
que nous puissions même l'approcher. Nous étions près de
quarante ensemble.

La duchesse

15 Les confrontations du docteur Bonfant étaient de véritables
scandales!

Madame Renaud

Des scandales!... Oh! nous nous sommes obstinés°... Mon   persisted
fils, rappelé° par ses affaires, a dû repartir; mais nous sommes   called back
20 restées à l'hôtel avec ma belle-fille, dans l'espoir d'arriver à
l'approcher. A[35] force d'argent, un gardien nous a ménagé°   arranged
une entrevue de quelques minutes, malheureusement sans
résultat. Une autre fois, ma belle-fille a pu prendre la place
d'une lingère° qui était tombée malade. Elle l'a vu tout un   seamstress
25 après-midi, mais sans rien pouvoir lui dire, n'ayant jamais eu
l'occasion d'être seule avec lui.

La duchesse à *Valentine.*

Comme c'est romanesque! Mais[36] si on vous avait démasquée?
Vous savez coudre° au moins?   sew

30   ### Valentine

Oui, Madame.

La duchesse

Et vous n'avez jamais pu être seule avec lui?

---

[33] *who are willing to give up hope*
[34] *without our even being able*
[35] *Through bribery*
[36] *But what if they had found out who you were?*

VALENTINE

Non, Madame, jamais.

LA DUCHESSE

culprit

Ah! ce docteur Bonfant, ce docteur Bonfant est un grand
coupable°!   5

GEORGES

considering

Ce que je ne m'explique pas, étant° donné les preuves que
nous vous avons apportées, c'est qu'on ait pu hésiter entre
plusieurs familles.

HUSPAR   10

cross checks / detailed

approximately

C'est extraordinaire, oui, mais songez qu'après nos derniers
recoupements°, qui furent extrêmement minutieux°, il reste
encore — avec vous — cinq familles dont les chances sont
sensiblement° égales. (≈)

MADAME RENAUD   15

Cinq familles, Monsieur, mais ce n'est pas possible!...

HUSPAR

Si, Madame, hélas!...

appointment book

LA DUCHESSE, *lisant dans son agenda°.*

Les familles Brigaud, Bougran, Grigou, Legropâtre et Maden- 20
sale. Mais je dois vous dire tout de suite que si j'ai voulu
qu'on commence par vous, c'est que vous avez toute ma
sympathie.

MADAME RENAUD

Je vous remercie, Madame.   25

LA DUCHESSE

Non, non, ne me remerciez pas. Je vous le dis comme je le
pense. Votre lettre m'a, dès [37] l'abord, donné l'impression que
vous étiez des gens charmants, impression que notre rencontre
confirme en tous points... Après vous, d'ailleurs, Dieu sait 30

dairy woman

dans quel monde nous allons tomber! Il y a une crémière°,
un lampiste...

MADAME RENAUD

Un lampiste?

---

[37] *right from the beginning*

LA DUCHESSE

Un lampiste, oui, Madame, un lampiste! Nous vivons à une
époque inouïe°! Ces gens-là ont toutes les prétentions... Oh!   *(here) unbelievable*
mais, n'ayez[38] crainte, moi vivante on ne donnera pas Gaston
5 à un lampiste!

HUSPAR, *à Georges.*

Oui, on avait annoncé que ces visites se feraient° par ordre   *would take place*
d'inscription° — ce qui était logique — mais, comme vous   *registration*
auriez été ainsi les derniers, Mme la duchesse Dupont-Dufort
10 a voulu, un peu imprudemment, sans doute, passer[39] outre
et venir chez vous en[40] premier lieu.

MADAME RENAUD

Pourquoi imprudemment? J'imagine que ceux qui ont la
charge du malade sont bien libres...

15 ### HUSPAR

Libres, oui, peut-être; mais vous ne pouvez pas savoir,
Madame, quel déchaînement° de passions — souvent in-   *unleashing*
téressées[41], hélas! — il y a autour de Gaston. Sa[42] pension
de mutilé, qu'il n'a jamais pu toucher°, le met à[43] la tête   *(here) draw*
20 d'une véritable petite fortune... Songez que les arrérages° et   *back payments*
intérêts° composés de cette pension se montent° aujourd'hui   *compound interest /*
à plus de deux[44] cent cinquante mille francs.   *amount to*

MADAME RENAUD

Comment cette question d'argent peut-elle jouer° dans une   *come into play*
25 alternative° aussi tragique?...   *situation*

HUSPAR

Elle le peut, malheureusement, Madame. Permettez-moi, à[45]
ce propos, un mot sur la situation juridique° du malade...   *legal*

MADAME RENAUD
please
30 Après, Monsieur, après, je vous en prie...

---

[38] *don't worry; they'll give Gaston to a lamp lighter over my dead body*
[39] *go ahead of everyone else*
[40] *first of all* (lit. *in the first place*)
[41] **intéressé** often implies a financial interest in someone or something.
[42] *His disabled veteran's pension*
[43] *in possession of*
[44] Approximately $40,000 in 1936.
[45] *in this regard*

LA DUCHESSE

legal code

Maître Huspar a un code° à la place du cœur! Mais comme il est très gentil…

pinches

Elle pince° discrètement Huspar.
il va aller nous chercher Gaston tout de suite!   5

struggle

HUSPAR *n'essaie plus de lutter°.*
Je m'incline, Mesdames. Je vous demande simplement de ne pas crier, de ne pas vous jeter[46] à sa rencontre. Ces expériences

happened repeatedly

qui se sont renouvelées° tant de fois le mettent dans un état

painful

nerveux extrêmement pénible°.   10
Il sort.

LA DUCHESSE

Vous devez avoir une immense hâte de le revoir, Madame.

MADAME RENAUD

Une mère ne peut guère avoir un autre sentiment, Madame. 15

LA DUCHESSE

Ah! je suis émue pour vous!…
A Valentine.
Vous avez également connu notre malade — ou enfin celui que vous croyez être notre malade — Madame?   20

VALENTINE

Mais oui, Madame. Je vous ai dit que j'avais été à l'asile.

LA DUCHESSE

absent-minded

C'est juste! Suis-je étourdie°…

MADAME RENAUD   25

oldest

Georges, mon fils aîné°, a épousé Valentine toute jeune, ces enfants étaient de vrais camarades. Ils s'aimaient beaucoup, n'est-ce pas, Georges?

GEORGES, *froid.*
Beaucoup, mère.   30

LA DUCHESSE

wife

L'épouse° d'un frère, c'est presque une sœur, n'est-ce pas, Madame?

---

[46] *throw yourselves at him*

VALENTINE, drôlement°.

Certainement, Madame.

in an odd manner

LA DUCHESSE

Vous devez être follement heureuse de le revoir.

5   <i>Valentine, gênée, regarde Georges qui répond pour elle.</i>

GEORGES

Très heureuse. Comme une sœur.

LA DUCHESSE

Je suis une grande romanesque... J'avais rêvé — vous le
10 dirai-je? — qu'une femme qu'il aurait passionnément aimée
serait là pour le reconnaître et échanger avec lui un baiser°   kiss
d'amour, le[47] premier au sortir de cette tombe. Je vois que
ce[48] ne sera pas.

GEORGES, net°.

curtly

15 Non, Madame. Ce ne sera pas.

LA DUCHESSE

Tant pis pour mon beau rêve!

Elle va à la baie°.   bay window

Mais[49] comme maître Huspar est long!... Votre parc est si
20 grand et il est un peu myope°: je gage° qu'il s'est perdu.   near-sighted / wager

VALENTINE, bas à Georges.

Pourquoi me regardez-vous ainsi. Vous n'allez pas ressortir°   drag out
toutes vos vieilles histoires?

GEORGES, grave.

25 En vous pardonnant, j'ai tout effacé°.   (here) forgotten

VALENTINE

Alors ne me jetez pas un coup d'œil à chaque phrase de cette
vieille toquée°!   crazy old nut

MADAME RENAUD, qui n'a pas entendu et qui ne sait
30   <div align="center"><i>vraisemblablement°</i> rien de cette histoire.</div>   probably

Bonne petite Valentine. Regarde, Georges, elle est tout
émue... C'est bien de se souvenir comme cela de notre petit
Jacques, n'est-ce pas, Georges?

---

[47] <i>the first</i> (kiss) <i>on leaving this tomb</i> (referring to his period of amnesia)
[48] <i>this will not be the case</i>
[49] <i>But what a long time Master Huspar is taking!</i>

GEORGES

Oui, mère.

LA DUCHESSE

Ah! le voilà!

Huspar entre seul. 5

J'en étais sûre, vous ne l'avez pas trouvé!

HUSPAR

disturb   Si, mais je n'ai pas osé le déranger°.

LA DUCHESSE

Qu'est-ce[50] à dire? Que faisait-il?   10

HUSPAR

Il était en arrêt devant une statue.

VALENTINE *crie.*

Une[1] Diane chasseresse avec un banc circulaire, au fond du parc?   15

HUSPAR

(here) Look   Oui. Tenez°, on l'aperçoit d'ici.

Tout le monde regarde.

GEORGES, *brusquement.*

Eh bien, qu'est-ce que cela prouve?   20

LA DUCHESSE, *à Huspar.*

thrilling   C'est passionnant°, mon cher!

VALENTINE, *doucement.*

Je ne sais pas. Je crois me rappeler qu'il aimait beaucoup cette statue, ce banc...   25

LA DUCHESSE, *à Huspar.*

Nous[2] brûlons, mon cher, nous brûlons.

MADAME RENAUD

Vous m'étonnez, ma petite Valentine. Ce coin du parc faisait
estate   partie de l'ancienne propriété° de M. Dubanton. Nous avions 30

---

[50] *What do you mean?*
[1] *A statue of the goddess Diana as a huntress*
[2] *We're getting warmer* (i.e., we're getting closer to the solution)

déjà acheté cette parcelle°, c'est vrai, du temps de Jacques,   piece (of property)
mais nous n'avons abattu le mur qu'après la guerre.

VALENTINE, se troublant°.   getting upset

Je ne sais pas, vous devez avoir raison.

5   HUSPAR

Il avait l'air si drôle en arrêt devant cette statue que je n'ai
pas osé le déranger avant de venir vous demander si ce
détail pouvait être significatif. Puisqu'il[3] ne l'est pas, je vais
le chercher.

10   Il sort.

GEORGES, bas à Valentine.

C'est sur ce banc que vous vous rencontriez?

VALENTINE

Je ne sais pas ce que vous voulez dire.

15   LA DUCHESSE

Madame, malgré votre légitime émotion, je vous conjure°   implore
de rester impassible°.   calm

MADAME RENAUD

Comptez sur moi, Madame.

20   Huspar entre avec Gaston. Mme Renaud murmure.

Ah! c'est bien lui, c'est bien lui...

LA DUCHESSE, allant à Gaston dans un grand geste
théâtral et lui cachant les autres.

Gaston, essayez de ne rien penser, laissez-vous[4] aller sans
25 chercher, sans faire d'efforts. Regardez bien tous les visages...
*Silence, ils sont tous immobiles. Gaston passe d'abord devant
Georges, le regarde, puis Mme Renaud. Devant Valentine,
il s'arrête une seconde. Elle murmure imperceptiblement.*

VALENTINE

30 Mon chéri...
*Il la regarde, surpris, mais il passe et se retourne vers la
duchesse, gentiment°, écartant[5] les bras dans un geste*   in a friendly way
d'impuissance.

---

[3] *Since it isn't (significant)* (**l'** *refers to* **significatif** *but isn't translatable*)
[4] *allow yourself to relax without trying to think*
[5] *spreading his arms out in a helpless gesture*

GASTON, *poli.*

very sorry   Je suis navré°...

LE RIDEAU TOMBE

DEUXIÈME TABLEAU

Une[1] porte Louis XV aux deux battants fermés devant laquelle — gathered / whispering
sont réunis°, chuchotants°, les domestiques des Renaud. La
cuisinière est accroupie° et regarde par le trou de la serrure; les — crouched
autres sont groupés autour d'elle.

5   LA CUISINIÈRE, *remettant° sa perruque°.* — putting back on / wig

Attendez, attendez... Ils sont tous[2] à le regarder comme une
bête curieuse. Le pauvre garçon ne sait plus où[3] se mettre...

LE CHAUFFEUR

Fais[4] voir...

10   LA CUISINIÈRE

Attends! Il s'est levé d'un coup. Il en[5] a renversé sa tasse.
Il a l'air d'en avoir assez de leurs questions... Voilà M.
Georges qui le prend à° part dans la fenêtre. Il le tient par le — aside
bras, gentiment, comme si rien ne s'était passé...

15   LE CHAUFFEUR

Eh ben[6]!...

JULIETTE

Ah! si vous l'aviez entendu, M. Georges, quand il a découvert
leurs lettres après la guerre!... Il[7] a pourtant l'air doux

---

[1] A French (double) door in the style of Louis XV.
[2] *all looking at him*
[3] *what to do with himself* (lit. *where to put himself*)
[4] *Let me see...* (**faire voir** means *show*)
[5] *because of it* (i.e., from getting up too rapidly)
[6] **ben = bien**
[7] *But he looks gentle as a lamb.*

27

comme un mouton. Eh bien, je peux vous assurer que ça[8] bardait!

LE VALET DE CHAMBRE

Tu veux que je te dise : il avait raison, cet homme.

JULIETTE, *furieuse.*

(here) decent

Comment! il avait raison? Est-ce qu'on[9] cherche des pouilles aux morts? C'est propre°, toi, tu crois, de chercher des pouilles aux morts?

LE VALET DE CHAMBRE

Les[10] morts n'avaient qu'à pas commencer à nous faire cocus!

JULIETTE

kept from it

Ah toi, depuis qu'on est mariés, tu[11] n'as que ce mot-là à la bouche! C'est[12] pas les morts qui vous font cocus. Ils en seraient bien empêchés°, les pauvres : c'est les vivants. Et les morts, ils[13] n'ont rien à voir avec les histoires des vivants.

LE VALET DE CHAMBRE

(here) easy

Tiens! ça serait trop commode°. Tu[14] fais un cocu et, hop! ni vu ni connu, j't'embrouille. Il suffit d'être mort.

JULIETTE

Eh ben! quoi, c'est quelque chose, d'être mort!

LE VALET DE CHAMBRE

Et d'être cocu, donc!...

JULIETTE

Oh! tu en parles trop, ça finira par t'arriver.

LA CUISINIÈRE, *poussée par le chauffeur.*

Attends, attends. Ils vont tous au fond maintenant. Ils lui montrent des photographies...

Giving up

Cédant° sa place.

---

[8] *sparks were flying* (slang expression)
[9] *Do you pick quarrels with the dead?* (lit. *Does one look for lice on the dead?*)
[10] *Then the dead shouldn't have started to make cuckolds of us!* (cuckold = a man whose wife is unfaithful)
[11] *that's all you've been saying*
[12] In the colloquial style of this play, **ne** is often omitted in negative sentences. (See Vocabulary page ii)
[13] *they have nothing to do with the problems of living people*
[14] *You take away a man's wife, and wham! before you know it, you've been had.*

Bah! avec les serrures° d'autrefois on y voyait, mais avec   locks
ces serrures modernes... c'est bien simple : on[15] se tire les
yeux.

LE CHAUFFEUR, penché° à son tour.   bent over

5 C'est lui! C'est lui! Je reconnais sa[16] sale gueule à ce petit
salaud-là°!   "bastard"

JULIETTE

Dis donc, pourquoi tu dis ça, toi? Ferme-la[17] toi-même, ta
sale gueule!

10 LE VALET DE CHAMBRE

Et pourquoi tu le défends, toi? Tu ne peux pas faire comme
les autres?

JULIETTE

Moi, je l'aimais bien, M. Jacques. Qu'est-ce que tu peux en
15 dire, toi? tu ne l'as pas connu. Moi, je l'aimais[18] bien.

LE VALET DE CHAMBRE

Et[19] puis après? C'était ton patron. Tu lui cirais° ses chaus-   (here) shined
sures.

JULIETTE

20 Et puis je l'aimais bien, quoi°! Ça a rien à voir.   after all

LE VALET DE CHAMBRE

Ouais! comme son frère... une° belle vache!   a real stinker

LE CHAUFFEUR, cédant la place à Juliette.

Pire, mon vieux, pire! Ah! ce° qu'il a pu me faire poireauter°   (here) how he / wait
25 jusqu'à des quatre heures du matin devant des bistrots°...   bars
Et au° petit jour, quand tu étais gelé°, ça[20] sortait de là   at dawn / frozen
congestionné, reniflant le vin à trois mètres, et ça[21] venait
vomir sur les coussins de la voiture... Ah! le salaud!

---

[15] *it strains your eyes*
[16] *his ugly mug*
[17] *Shut your (own) fat mouth!*
[18] **aimer bien** = *to like;* **aimer bien** is not as strong as **aimer**.
[19] *What of it?*
[20] *he* (contemptuously) *left there, red in the face, reeking of wine three yards away, and then he*
  would throw up all over the car seats
[21] **Ça** is often used to refer to a person contemptuously. (See Vocabulary page ii)

LA CUISINIÈRE

Tu peux le dire... Combien de fois je me suis mis les mains dedans, moi qui te parle! Et ça avait dix-huit ans.

LE CHAUFFEUR

Et[22] pour étrennes des engueulades!   5

LA CUISINIÈRE

abuses

kitchen boy

box his ears

kick

Et des brutalités°! Tu te souviens, à cette époque, il y avait un petit gâte-sauce° aux cuisines. Chaque fois qu'il le voyait, le malheureux, c'était pour lui° frotter les oreilles ou le botter°.   10

LE CHAUFFEUR

Et sans motif! Un vrai petit salaud, voilà ce que c'était. Et quand on a appris qu'il s'était fait casser la gueule en 1918, on n'est pas plus méchants que les autres, mais on a dit que c'était bien fait.   15

LE MAÎTRE D'HÔTEL

Allons, allons, maintenant, il faut s'en aller.

LE CHAUFFEUR

Mais enfin, quoi!... Vous n'êtes pas de notre avis, vous, Monsieur Jules?   20

LE MAÎTRE D'HÔTEL

Je pourrais en dire plus que vous, allez!... J'ai écouté leurs scènes à table. J'étais même là quand il a levé la main sur Madame.

LA CUISINIÈRE   25

Sur sa mère!... A dix-huit ans!...

LE MAÎTRE D'HÔTEL

Et les petites histoires avec Mme Valentine, je les connais, je puis dire, dans leurs détails...

LE CHAUFFEUR   30

Ben, permettez-moi de vous dire que vous êtes bien bon d'avoir fermé les yeux, Monsieur Jules...

---

[22] *And for our New Year's presents, we got bawled out!*

LE MAÎTRE D'HÔTEL

Les histoires des maîtres sont les histoires des maîtres... *I don't get involved*

LE CHAUFFEUR

Oui, mais avec un petit coco° pareil... Fais° voir un peu que °"bastard" / Move over a
5 je le regarde encore. little

JULIETTE, *cédant sa place.*

Ah! c'est lui, c'est lui, j'en suis sûre... M. Jacques! C'était un
beau gars°, tu sais, à cette époque. Un vrai beau gars. Et °guy
distingué!

10 LE VALET DE CHAMBRE

Laisse° donc, il y en a d'autres, des beaux gars, et des plus °Drop it
jeunes!

JULIETTE

C'est vrai. Vingt ans bientôt. C'est quelque chose. Tu crois
15 qu'il me trouvera très changée?

LE VALET DE CHAMBRE

Qu'est-ce[23] que ça peut te faire? *what's it to you?*

JULIETTE

Ben, rien...

20 LE VALET DE CHAMBRE, *après réflexion, tandis que les
autres domestiques font des mines° derrière son dos.* °(here) faces

Dis donc, toi... Pourquoi que tu soupires depuis que tu sais
qu'il va peut-être revenir?

JULIETTE

25 Moi? pour rien.

Les autres rigolent°. °snicker

LE VALET DE CHAMBRE

Pourquoi que tu t'arranges° dans la glace et que tu demandes °primp
si t'as changé?

30 JULIETTE

Moi?

---

[23] *What does that matter to you?*

LE VALET DE CHAMBRE

Quel âge t'avais quand il est parti à la guerre?

JULIETTE

Quinze ans.

LE VALET DE CHAMBRE   5

mailman   Le facteur°, c'était ton premier[24]?

JULIETTE

gagged   Puisque je t'ai même dit qu'il m'avait bâillonnée° et fait
sleeping pills   prendre des somnifères°...

Les autres rigolent. 10

LE VALET DE CHAMBRE

Tu es sûre que c'était ton vrai premier?

JULIETTE

Tiens! cette question. C'est des choses qu'une fille se rappelle.
Même qu'il avait pris le temps de poser[25] sa boîte, cette 15
brute-là, et que toutes ses lettres étaient tombées dans la
cuisine...

LE CHAUFFEUR, *toujours à la serrure.*

La[26] Valentine, elle ne le quitte pas des yeux... Je vous parie
bien que, s'il reste ici, le[27] père Georges se paie une seconde 20
paire de cornes avec son propre frangin!

L⌐ MAÎTRE D'HÔTEL, *prenant sa place.*

disgusting   C'est dégoûtant°.

LE CHAUFFEUR

Si c'est comme ça qu'il les aime, M'sieur Jules...   25

Ils rigolent.

LE VALET DE CHAMBRE

Ils me font rigoler avec leur «mnésie[28]», moi! Tu penses que
si ce gars-là, c'était sa famille, il les aurait reconnus depuis
ce matin. Y[29] a pas de «mnésie» qui tienne.   30

---

[24] *first one* (i.e., first lover)
[25] *put his mail bag down*
[26] Here, the article before the name has a pejorative effect.
[27] *old George's own brother* (**frangin**) *will cost him another pair of horns* (horns are the traditional
   symbol of the man whose wife is unfaithful)
[28] **mnésie = amnésie**
[29] *No amnesia lasts that long.*

La cuisinière

Pas sûr, mon petit, pas sûr, Moi qui te parle, il y a des fois où je suis incapable de me rappeler si j'ai déjà salé° mes sauces. salted

⁵ ### Le valet de chambre

Mais... une famille!

La cuisinière

Oh! pour [30] ce qu'il s'y intéressait, à sa famille, ce petit vadrouilleur-là°... tramp

¹⁰ ### Le maître d'hôtel, *à la serrure.*

Mais [31] pour être lui, c'est lui! J'y [32] parierais ma tête.

La cuisinière

Mais puisqu'ils disent qu'il y a cinq autres familles qui ont les mêmes preuves!

¹⁵ ### Le chauffeur

Vous [33] voulez que je vous dise le fin mot de l'histoire, moi? C'est pas à souhaiter° pour nous ni pour personne que ce wish
petit salaud-là, il soit pas mort!...

La cuisinière

²⁰ Ah! non, alors.

Juliette

Je [34] voudrais vous y voir, moi, à être morts...

Le maître d'hôtel

Ça, bien sûr, ça n'est pas à souhaiter, même pour lui, allez!
²⁵ Parce que les vies commencées comme ça ne se terminent jamais bien.

Le chauffeur

Et puis, s'il s'est mis à aimer la vie tranquille et sans complications dans son asile. Qu'est-ce [35] qu'il a à apprendre, le

---

[30] *for all he cared for his family*
[31] *But as far as its being him (is concerned)*
[32] *I'd bet my life on it.*
[33] *Do you want me to give you the real story?*
[34] *I'd like to see you, if you were dead...*
[35] *The old boy has a lot to learn...*

frère... L'histoire avec le fils Grandchamp, l'histoire Valentine, l'histoire des cinq cent mille balles° et toutes celles que
nous ne connaissons pas...

(slang) francs

LE MAÎTRE D'HÔTEL

Ça, bien sûr. J'aime mieux être à ma place qu'à la sienne.   5

LE VALET DE CHAMBRE, *qui regarde par la serrure.*

Attention[36], les voilà qui se lèvent! Ils vont sortir par la
porte du couloir°.

hall

Les domestiques s'égaillent°.

scatter

JULIETTE, *en sortant.*   10

M. Jacques, tout de même...

LE VALET DE CHAMBRE, *la suivant, méfiant°.*

suspiciously

Ben quoi? M. Jacques?

JULIETTE

Ben, rien.   15

Ils sont sortis.

LE RIDEAU TOMBE

---

[36] *Look, they're getting up!*

TROISIÈME TABLEAU

*La chambre de Jacques Renaud et les longs couloirs sombres de
la vieille maison bourgeoise qui y aboutissent°. D'un côté un
vestibule° dallé° où[1] vient se terminer un large escalier de pierre
à la rampe de fer forgé. Mme Renaud, Georges et Gaston*
5 *apparaissent par l'escalier et traversent le vestibule.*

lead into
hall / tiled

MADAME RENAUD

Pardon, je vous précède. Alors, ici, tu vois, c'est le couloir que
tu prenais pour aller à ta chambre.

Elle ouvre la porte.

10 Et voici ta chambre.

Ils sont entrés tous les trois dans la chambre.

Oh! quelle négligence! J'avais pourtant demandé qu'on ouvre
ces persiennes°...

shutters

Elle les ouvre; la chambre est inondée° de lumière; elle est de

flooded

15 *pur style 1910.*

GASTON, *regardant autour de lui.*

Ma chambre...

MADAME RENAUD

Tu avais voulu qu'elle soit décorée selon tes plans. Tu avais
20 des goûts tellement modernes!

GASTON

J'ai l'air d'avoir aimé d'un amour exclusif les volubilis° et les
renoncules°.

morning glories
buttercups

---

[1] *where a wide stone stairway with wrought-iron handrails ends*

35

GEORGES

daring

Oh! tu étais très audacieux°, déjà!

GASTON

C'est ce que je vois.

notices

Il avise° un meuble ridicule. 5

Qu'est-ce que c'est que cela? Un[2] arbre sous la tempête?

GEORGES

music stand

Non, c'est un pupitre° à musique.

GASTON

J'étais musicien? 10

MADAME RENAUD

Nous aurions voulu te faire apprendre le violon, mais tu n'as jamais accepté. Tu[3] entrais dans des rages folles quand on force voulait te contraindre° à étudier. Tu[4] crevais tes instruments à coups de pied. Il n'y a que ce pupitre qui a résisté. 15

GASTON *sourit.*

Il a eu tort.

Il va à un portrait.

C'est lui?

MADAME RENAUD 20

Oui, c'est toi, à douze ans.

GASTON

Je me voyais blond et timide.

GEORGES

soccer
broke

Tu[5] étais châtain très foncé. Tu jouais au football° toute la 25 journée, tu cassais° tout.

trunk

MADAME RENAUD, *lui montrant une grosse malle°.*

attic

Tiens, regarde ce que j'ai fait descendre du grenier°...

---

[2] *A tree in a storm?*
[3] *You had violent temper tantrums*
[4] *You kicked your instruments to pieces. (lit. You broke your instruments with kicks.)*
[5] *You had dark brown hair.*

GASTON

Qu'est-ce que c'est? ma vieille malle? Mais vous allez finir par me faire croire que j'ai vécu sous la Restauration[6]...

MADAME RENAUD

5 Mais non, sot°. C'est la malle de l'oncle Gustave et ce sont tes jouets°.

silly

toys

GASTON *ouvre la malle.*

Mes jouets!... J'ai eu des jouets, moi aussi? C'est pourtant vrai, je[7] ne savais plus que j'avais eu des jouets...

10 ### MADAME RENAUD

Tiens, ta fronde°.

slingshot

GASTON

Une fronde... Et[8] cela n'a pas l'air d'une fronde pour rire...

MADAME RENAUD

15 En tuais-tu, des oiseaux, avec cela, mon Dieu! Tu étais un vrai monstre... Et tu sais, tu ne te contentais pas des oiseaux du jardin... J'avais[9] une volière avec des oiseaux de prix; une fois, tu es entré dedans et tu les as tous abattus°!

(here) killed

GASTON

20 Les oiseaux? Des petits oiseaux?

MADAME RENAUD

Oui, oui.

GASTON

Quel âge avais-je?

25 ### MADAME RENAUD

Sept ans, neuf ans peut-être...

GASTON *secoue° la tête.*

shakes

Ce n'est pas moi.

MADAME RENAUD

30 Mais si, mais si...

---

[6] The period 1814–1830, during which the Bourbons were restored to the French throne.
[7] *I had forgotten*
[8] *And that doesn't look like a toy slingshot...*(implying it was a real one)
[9] *I had an aviary with expensive birds*

GASTON

crumbs · Non. A sept ans, j'allais dans le jardin avec des mies° de pain,
sparrows · au contraire, et j'appelais les moineaux° pour qu'ils viennent
peck · picorer° dans ma main.

GEORGES

The poor things · Les° malheureux, mais tu[10] leur aurais tordu le cou!

MADAME RENAUD

leg · Et le chien auquel il a cassé la patte° avec une pierre?

GEORGES

mouse / piece of string · Et la souris° qu'il promenait au bout d'une ficelle°?

MADAME RENAUD

squirrels / weasels / skunks · Et les écureuils°, plus tard, les belettes°, les putois°. En as-tu
stuff · tué, mon Dieu, de ces petites bêtes! tu faisais empailler° les
plus belles; il y en a toute une collection là-haut, il faudra
que je te les fasse descendre.
rummages · *Elle fouille° dans la malle.*
guns · Voilà tes couteaux, tes premières carabines°...

GASTON, *fouillant aussi.*

puppets / Noah's ark · Il n'y a pas de polichinelles°, d'arche° de Noé?

MADAME RENAUD

Tout petit, tu n'as plus voulu que des jouets scientifiques.
test tubes / electromagnets · Voilà tes gyroscopes, tes éprouvettes°, tes électroaimants°,
retort stands / crane · tes cornues°, ta grue° mécanique.

GEORGES

Nous voulions faire de toi un brillant ingénieur.

snorts · GASTON *pouffe°.*
De moi?

MADAME RENAUD

Mais, ce qui te plaisait le plus, c'étaient tes livres de géographie! Tu étais d'ailleurs toujours premier en géographie...

GEORGES

backwards · A dix ans, tu récitais tes départements[11] à° l'envers!

---

[10] *you would have wrung their necks!*
[11] France is divided into ninety-five administrative divisions known as **départements**.

GASTON

A l'envers... Il est vrai que j'ai perdu la mémoire... J'ai
pourtant essayé de les réapprendre à l'asile. Eh bien, même[12]
à l'endroit... Laissons cette malle[13] à surprises. Je crois
5 qu'elle ne nous apprendra rien. Je ne me vois pas du tout
comme cela, enfant.

*Il a fermé la malle, il erre dans la pièce, touche les objets,
s'assoit dans les fauteuils. Il demande soudain.*

Il avait un ami, ce petit garçon? Un autre garçon qui ne le
10 quittait pas et avec lequel il échangeait ses problèmes et ses
timbres-poste?

MADAME RENAUD, *volubile*°.   glibly

Mais naturellement, naturellement. Tu avais beaucoup de
camarades. Tu penses, avec le collège° et le patronage°!...   prep school / clubs

15   GASTON

Oui, mais... pas les camarades. Un ami... Vous voyez, avant
de vous demander quelles femmes ont été les miennes...

MADAME RENAUD, *choquée*.

Oh! tu étais si jeune, Jacques, quand tu es parti!

20   GASTON *sourit*.

Je vous le demanderai quand même... Mais, avant de vous
demander cela, il me paraît beaucoup plus urgent de vous
demander quel ami a été le mien.

MADAME RENAUD

25 Eh bien, mais tu pourras voir leurs[14] photographies à tous
sur les groupes du collège. Après, il y a eu ceux avec lesquels
tu sortais le soir...

GASTON

Mais celui avec lequel je préférais sortir, celui à qui je racontais
30 tout?

MADAME RENAUD

Tu ne préférais personne, tu sais.

*Elle a parlé vite, après un coup d'œil furtif à Georges.
Gaston la regarde.*

---

[12] *even forwards...*
[13] *trunk full of surprises*
[14] *the photographs of all of them in their class pictures*

l'enfance =
l'innocence

GASTON

imp?

Votre fils n'avait donc pas d'ami? C'est dommage. Je veux
dire, c'est dommage si nous découvrons que c'est moi. Je
crois qu'on ne peut rien trouver de plus consolant, quand on
est devenu un homme, qu'un reflet de son enfance dans les 5
yeux d'un ancien petit garçon. C'est dommage. Je vous
avouerai même que c'est de cet ami imaginaire que j'espérais
recevoir la mémoire — comme[15] un service tout naturel.

- GEORGES, *après une hésitation.*

Oh! c'est-à-dire... un ami, si, tu en as eu un et que tu aimais 10
beaucoup. Tu l'as même gardé jusqu'à dix-sept ans... Nous
ne t'en reparlions pas parce que c'est une histoire si pénible...

GASTON

Il est mort?

GEORGES   15

Non, non. Il n'est pas mort, mais vous vous êtes quittés, vous
vous êtes fâchés... définitivement.

GASTON

Définitivement, à dix-sept ans!

Un temps. 20

falling out

Et vous avez su le motif de cette brouille°?

très serieux
la fin d'amitié

GEORGES

Vaguement, vaguement...

GASTON

Et ni votre frère ni ce garçon n'ont cherché à se revoir depuis? 25

MADAME RENAUD

Tu oublies qu'il y a eu la guerre. Et puis, tu sais... Voilà.
Vous vous étiez disputés pour une chose futile, vous vous

fought

étiez même battus°, comme des garçons de cet âge... Et sans
le vouloir, sans doute, tu as eu un geste brutal... un geste 30
malheureux surtout. Tu l'as poussé du haut d'un escalier. En

(here) hurt / spine
cast
an invalid

tombant, il a été atteint° à la colonne° vertébrale. On a dû
le garder dans le plâtre° très longtemps et depuis il est resté
infirme°. Tu comprends maintenant comme il aurait été
difficile, pénible, même pour toi, d'essayer de le revoir. 35

---

[15] *as a very natural favor*

il ne marche plus

GASTON, après un temps.

Je comprends. Et où cela s'est-il passé, cette dispute, au collège, dans sa maison?

Ee clementary

MADAME RENAUD, vite.

5 Non, ici. Mais ne parlons plus d'une chose aussi affreuse, une de celles qu'il vaut mieux ne pas te rappeler, Jacques.

GASTON

Si j'en retrouve une, il faut que je les retrouve toutes, vous le savez bien. Un[16] passé ne se vend pas au détail. Où est-il,
10 cet escalier, je voudrais le voir?

MADAME RENAUD

Là, près de ta chambre, Jacques. Mais à quoi bon?

GASTON, à Georges.

Vous voulez me conduire?

15 GEORGES

Si tu veux, mais je ne vois vraiment pas pourquoi tu veux revoir cette place...

Ils ont été jusqu'au vestibule.

MADAME RENAUD

20 Eh bien, c'est là.

GEORGES

C'est là.

GASTON regarde autour de lui, se penche sur la rampe.

Où nous battions-nous?

25 GEORGES

Tu sais, nous ne l'avons pas su exactement. C'est une domestique qui a raconté la scène...

GASTON

Ce n'est pas une scène courante°... J'imagine qu'elle a dû la   ordinary
30 raconter avec beaucoup de détails. Où nous battions-nous? Ce palier° est si large...   landing

---

[16] *A past can't be sold in bits and pieces.*

MADAME RENAUD

Vous deviez vous battre tout au bord. Il a fait un faux pas.
Qui sait, tu ne l'as peut-être même pas poussé.

GASTON, *se retournant vers elle.*

Alors, si ce n'était qu'un incident de cette sorte, pour- 5
quoi[17] n'ai-je pas été lui tenir compagnie chaque jour dans
sa chambre? Perdre[18] avec lui, pour qu'il ne sente pas trop
l'injustice, tous mes jeudis[19] sans courir au soleil?

GEORGES

Tu sais, chacun a donné son interprétation... La[20] malignité 10
publique s'en est mêlée.

GASTON

Quelle domestique nous avait vus?

MADAME RENAUD

As-tu besoin de savoir ce détail! D'abord, cette fille n'est plus 15
à la maison.

GASTON

Il y en a sûrement d'autres à l'office° qui étaient là à cette
époque. Je les interrogerai.

MADAME RENAUD   20

J'espère que tu ne vas pas aller ajouter[21] foi à des commérages
de cuisine. Ils t'en diront de belles, bien sûr, les domestiques,
si tu les interroges. Tu sais ce que c'est que ces gens-là...

GASTON, *se retournant vers Georges.*

Monsieur, je suis sûr que vous devez me comprendre, vous. 25
Je[22] n'ai rien reconnu encore chez vous. Ce que vous m'avez
appris sur l'enfance de votre frère me semble aussi loin que
possible de ce que je crois être mon tempérament. Mais —
peut-être est-ce la fatigue, peut-être est-ce autre chose — pour
la première fois un certain trouble° me prend en écoutant 30
des gens me parler de leur enfant.

(here) kitchen *(margin note for l. 17)*

uneasiness *(margin note for l. 29)*

[17] *why didn't I go to keep him company*
[18] *To give up all my Thursdays for him instead of playing outside in the sunshine so he wouldn't feel the injustice (of it) too much?*
[19] *Thursday was the traditional free day in French schools until 1972, when it was changed to Wednesday.*
[20] *Local gossip got mixed up in it.*
[21] *listen to kitchen gossip. They'll tell you some good ones...*
[22] *I still haven't recognized anything in your house. (His memory has not yet come back.)*

MADAME RENAUD

Ah! mon petit Jacques, je savais bien...

GASTON

Il[23] ne faut pas s'attendrir, m'appeler prématurément mon
petit Jacques. Nous sommes là pour enquêter° comme des   investigate
policiers — avec une rigueur et, si possible, une insensibilité°   lack of sensitivity
de policiers. Cette prise[24] de contact avec un être qui m'est
complètement étranger et que je serai peut-être obligé dans
un instant d'accepter comme une partie de moi-même, ces
bizarres fiançailles° avec un fantôme° c'est une chose déjà   engagement / ghost
suffisamment pénible° sans[25] que je sois obligé de me débattre   painful
en outre contre vous. Je vais accepter toutes les épreuves°,   trials and tribulations
écouter toutes les histoires°, mais quelque chose me dit   stories
qu'avant tout je dois savoir la vérité sur cette dispute. La
vérité, si[26] cruelle qu'elle soit.

MADAME RENAUD, *commence, hésitante.*

Eh bien, voilà : pour[27] une bêtise de jeunes gens, vous avez
échangé des coups... Tu sais comme on est vif° à cet âge...   quick-tempered

GASTON *l'arrête.*

Non, pas vous. Cette domestique est encore ici, n'est-ce pas,
vous avez menti° tout à l'heure?   lied

GEORGES, *soudain, après un silence.*

Oui, elle est encore à la maison.

GASTON

Appelez-la, s'il vous plaît, Monsieur. Pourquoi hésiter
davantage, puisque vous savez bien que je la retrouverai et
que je l'interrogerai un jour ou l'autre?

GEORGES

C'est si bête, si affreusement bête.

---

[23] *Don't get sentimental*
[24] *initial contact*
[25] *without my being obliged to struggle*
[26] *however cruel it may be*
[27] *as a result of a stupid youthful mistake*

GASTON

Je ne suis pas là pour apprendre quelque chose d'agréable.
Et puis, si ce détail était celui qui peut me rendre ma mémoire,
vous n'avez pas le droit de me le cacher.

GEORGES   5

Puisque tu le veux, je l'appelle.

Il sonne.

MADAME RENAUD

Mais tu trembles, Jacques. Tu ne vas pas être malade, au
moins?   10

GASTON

Je tremble?

MADAME RENAUD

is becoming clear   Tu sens peut-être quelque chose qui s'éclaire° en ce moment
en toi?   15

GASTON

Non. Rien que la nuit, la nuit la plus obscure.

MADAME RENAUD

Mais pourquoi trembles-tu alors?

GASTON   20

thousands   C'est bête. Mais, entre des milliers° de souvenirs possibles,
precisely   c'est justement° le souvenir d'un ami que j'appelais avec le
plus de tendresse. J'ai[28] tout échafaudé sur le souvenir de
exciting   cet ami imaginaire. Nos promenades passionnées°, les livres
que nous avions découverts ensemble, une jeune fille qu'il   25
avait aimée en même temps que moi et que je lui avais
sacrifiée, et même — vous allez rire — que je lui avais sauvé
la vie un[29] jour en barque. Alors, n'est-ce pas, si je suis votre
fils, il va falloir que je m'habitue à une vérité tellement loin
de mon rêve...   30

Juliette est entrée.

JULIETTE

Madame a sonné?

---

[28] *I built everything*
[29] *one day while boating*

MADAME RENAUD

M. Jacques voudrait vous parler, Juliette.

JULIETTE

A moi?

5 #### GEORGES

Oui. Il voudrait vous interroger sur ce malheureux accident de <u>Marcel Grandchamp</u> dont vous avez été témoin°.   witness

MADAME RENAUD

Vous savez la vérité, ma fille. Vous savez aussi que si M.
10 Jacques était violent, il ne pouvait avoir une pensée criminelle.

GASTON *la coupe° encore.*   interrupts

Ne lui dites rien, s'il vous plaît! Où étiez-vous, Mademoiselle,
quand l'accident s'est produit°?   happened

JULIETTE

15 Sur le palier, avec ces Messieurs, Monsieur Jacques.

GASTON

Ne m'appelez pas encore Monsieur Jacques. Comment a commencé cette dispute?

JULIETTE, *un coup d'œil aux Renaud.*

20 C'est-à-dire que...

GASTON *va à eux.*

Voulez-vous être assez gentils pour me laisser seul avec elle?
Je sens que vous la gênez.

MADAME RENAUD

25 Je suis prête à tout ce que tu veux si tu peux nous revenir,
Jacques.

GASTON, *les accompagnant.*

Je vous rappellerai.

A Juliette, quand ils sont seuls.

30 Asseyez-vous.

JULIETTE

Monsieur permet?

GASTON, *s'asseyant en face d'elle.*

Et[30] laissons de côté la troisième personne, je vous en prie.
Elle ne pourrait que nous gêner. Quel âge avez-vous?

JULIETTE

Trente-trois ans. Vous le savez bien, Monsieur Jacques, 5
puisque j'avais quinze ans lorsque vous êtes parti au front.
Pourquoi me le demander?

GASTON

D'abord parce que je ne le savais pas; ensuite, je vous répète
que je ne suis peut-être pas Monsieur Jacques.   10

JULIETTE

Oh! si, moi, je vous reconnais bien, Monsieur Jacques.

GASTON

Vous l'avez bien connu?

JULIETTE, *éclatant*[31] *soudain en sanglots.*   15

Ah! c'est pas possible d'oublier à ce point-là!... Mais vous
ne vous rappelez donc rien, Monsieur Jacques?

GASTON

Exactement rien.

tears

wails   JULIETTE *braille° dans ses larmes.*   20

S'entendre[32] poser des questions pareilles après ce qui s'est
passé... Ah! ce que ça peut être torturant, alors, pour une
femme...

aghast   GASTON *reste un instant ahuri°; puis, soudain, il comprend.*

Ah!... oh! pardon. Je vous demande pardon. Mais alors, 25
Monsieur Jacques...

sniffles   JULIETTE *renifle°.*

Oui.

---

[30] *And let's stop using the third person* (In the previous speech, Juliette has addressed Gaston
with the indirect **Monsieur** rather than the more ordinary **vous**.)
[31] *suddenly bursting into tears*
[32] *To hear oneself asked such questions*

GASTON

Oh! je vous demande pardon, alors... Mais quel âge aviez-vous?

JULIETTE

5 Quinze ans. C'était mon premier.

GASTON *sourit soudain, détendu°.*   relaxed

Quinze ans et lui dix-sept... Mais c'est très gentil cette histoire. C'est la première chose que j'apprends de lui qui me paraisse un peu sympathique°. Et cela a duré longtemps?   nice

10   JULIETTE

Jusqu'à ce qu'il parte.

GASTON

Et moi qui ai tant cherché pour savoir quel était le visage de ma[33] bonne amie! Eh bien, elle était charmante!

15   JULIETTE

Elle était peut-être charmante, mais elle n'était pas la seule, allez!

GASTON *sourit encore.*

Ah! non?

20   JULIETTE

Oh! non, allez!

GASTON

Eh bien, cela non plus, ce n'est pas tellement antipathique.

JULIETTE

25 Vous, vous trouvez peut-être ça drôle! Mais, tout de même, avouez° que pour une femme...   admit

GASTON

Bien sûr, pour une femme...

JULIETTE

30 C'est dur, allez, pour une femme, de se sentir bafouée° dans son douloureux amour!   scorned

[33] *my girl friend*

GASTON, *un peu ahuri.*

Dans son doulou.. ? Oui, bien sûr.

JULIETTE

Je n'étais qu'une toute[34] petite bonne de rien du tout, mais
ça ne m'a pas empêchée de la boire jusqu'à[35] la lie, allez, 5
cette atroce douleur de l'amante outragée...

GASTON

Cette atroce?... Bien sûr.

JULIETTE

Vous n'avez jamais lu : « *Violée° le soir de son mariage?* »   10

GASTON

Non.

JULIETTE

Vous devriez le lire; vous verrez, il y a une situation presque
semblable. L'infâme séducteur de Bertrande s'en va lui aussi 15
(mais en Amérique, lui, où l'appelle son oncle richissime) et
c'est alors qu'elle le lui dit, Bertrande, qu'elle l'a bue jusqu'à
la lie, cette atroce douleur de l'amante outragée.

GASTON, *pour qui tout s'éclaire.*

Ah! c'était une phrase du livre?   20

JULIETTE

Oui, mais ça s'appliquait tellement bien à moi!

GASTON

Bien sûr...

      Il s'est levé soudain. Il demande drôlement. 25
Et il vous aimait beaucoup, M. Jacques?

JULIETTE

Passionnément. D'ailleurs, c'est bien simple, il me disait
qu'il se tuerait pour moi.

GASTON   30

Comment êtes-vous devenue sa maîtresse?

---

[34] *tiny little maid who didn't amount to anything at all, but that didn't stop me from*
[35] *to the last bitter drop*

JULIETTE

Oh! c'est le second jour que j'étais dans la maison. Je faisais
sa chambre, il m'a fait tomber sur le lit. Je riais comme une
idiote, moi. Forcément, à cet âge! Ça s'est passé comme[36]
5 qui dirait malgré moi. Mais, après, il m'a juré qu'il m'aimerait
toute la vie!

       GASTON *la regarde et sourit.*

Drôle[37] de M. Jacques...

       JULIETTE

10 Pourquoi drôle?

       GASTON

Pour rien. En tout cas, si je deviens M. Jacques, je vous
promets de vous reparler très sérieusement de cette situation.

       JULIETTE

15 Oh! vous savez, moi, je ne demande pas de réparation. Je
suis mariée maintenant...

       GASTON

Tout de même, tout de même...

                  Un temps.

20 Mais[38] je fais l'école buissonnière et je ne serai pas reçu à mon
examen. Revenons à cette horrible histoire qu'il serait si agréable de ne pas savoir et qu'il faut que j'apprenne de[39] bout en
bout.

       JULIETTE

25 Ah! oui, la bataille avec M. Marcel.

       GASTON

Oui. Vous étiez présente?

       JULIETTE, *qui se rengorge*°.   puts on airs

Bien sûr, j'étais présente!

30   **GASTON**

Vous avez assisté à la naissance° de leur dispute?   (here) beginning

---

[36] *as you might say, in spite of myself*
[37] *Strange Mr. Jacques...*
[38] *But I am getting off the subject and won't find the truth. (lit. I am playing hooky and I won't
pass my examination.)*
[39] *from one end to the other*

JULIETTE

Mais bien sûr.

GASTON

nonsense

Alors vous allez pouvoir me dire pour quelle étrange folie°
ils se sont battus aussi sauvagement?   5

JULIETTE, *tranquillement.*

Comment une étrange folie? Mais c'est pour moi qu'ils se sont
battus.

GASTON *se lève.*

C'est pour vous?   10

JULIETTE

Mais bien sûr, c'est pour moi. Ça vous étonne?

dumbfounded

GASTON *répète, abasourdi°.*

C'est pour vous?

JULIETTE   15

Mais, bien sûr. Vous comprenez, j'étais la maîtresse de M.
Jacques — je vous dis ça à vous, n'est-ce pas, parce qu'il faut

goofing around

bien que vous le sachiez, mais pas de gaffes°, hein? je ne
tiens pas à perdre ma place pour une histoire d'il y a vingt ans!
Oui, j'étais la maîtresse de M. Jacques et, il faut bien le dire, 20
M. Marcel tournait[40] un peu autour de moi.

GASTON

Alors?

JULIETTE

Alors un jour qu'il essayait de m'embrasser derrière la porte... 25
Je[41] ne me laissais pas faire, hein? mais vous savez ce que c'est
qu'un garçon quand ça a cela en tête... Juste à ce moment, M.

jumped
hit back

Jacques est sorti de sa chambre et il nous a vus. Il a sauté°
sur M. Marcel, qui a riposté°. Ils se sont battus, ils ont roulé
par terre...   30

GASTON

Où se trouvaient-ils?

---

[40] *used to run after me a bit too*
[41] *I didn't allow it, eh? But you know how a fellow is when he's got that in mind...*

JULIETTE

Sur[42] le grand palier du premier, là, à côté.

GASTON *crie soudain comme un fou.*

Où? Où? Où? Venez, je veux voir la place exacte.

5   *Il l'a traînée° par le poignet° jusqu'au vestibule.*   dragged / wrist

JULIETTE

Mais vous me faites mal!

GASTON

Où? Où?

10   JULIETTE *s'arrache° de ses mains, se frotte° le poignet.*   pulls herself / rubs

Eh bien, là! Ils sont tombés là, à moitié dans le vestibule, à
moitié sur le palier. M. Marcel était dessous.

GASTON *crie.*

Mais là ils étaient loin du bord! Comment a-t-il pu glisser°   slide
15 jusqu'au bas des marches°? Ils ont roulé tous les deux en   steps
luttant?

JULIETTE

Non, c'est M. Jacques qui a réussi à se relever et qui a
traîné M. Marcel par la jambe jusqu'aux marches...

20   GASTON

Et puis?

JULIETTE

Et puis il l'a poussé, pardi°! En lui criant: «Tiens, petit salaud,   good Lord!
ça t'apprendra à embrasser les poules° des autres!» Voilà.   "broads"
25   *Il y a un silence.*

Ah! c'était[43] quelqu'un, M. Jacques!

GASTON, *sourdement°.*   in a hollow voice

Et c'était son ami?

JULIETTE

30 Pensez! Depuis l'âge de six ans qu'ils allaient à l'école
ensemble.

---

[42] *On the big second floor landing, right there.*
[43] *Monsieur Jacques was really someone!*

GASTON

Depuis l'âge de six ans.

JULIETTE

Ah! c'est horrible, bien sûr!... Mais qu'est-ce que vous voulez?
L'amour, c'est plus fort que tout.   5

GASTON *la regarde et murmure.*

L'amour, bien sûr, l'amour. Je vous remercie, Mademoiselle.

GEORGES *frappe à la porte de la chambre, puis, ne les*
voyant pas, vient jusqu'au vestibule.

Je me suis permis de revenir. Vous ne nous rappeliez plus; 10
maman était inquiète. Eh bien, vous savez ce que vous voulez
savoir?

GASTON

Oui, je vous remercie. Je sais ce que je voulais savoir.

Juliette est sortie. 15

GEORGES

Oh! ce n'est pas une bien jolie chose, certainement... Mais
je veux croire, malgré tout ce qu'on a pu dire, que ce n'était
au fond qu'un accident et — tu avais dix-sept ans, il ne faut
childish deed   pas l'oublier — un enfantillage°, un sinistre enfantillage.   20

Un silence. Il est gêné.

Comment vous a-t-elle raconté cela?

GASTON

Comme elle l'a vu, sans doute.

GEORGES   25

Elle vous l'a dit, que cette bataille c'était pour votre rivalité
resigned   de club? Marcel avait démissionné° du tien pour des raisons
teams   personnelles; vous faisiez partie d'équipes° adverses et,
malgré tout, n'est-ce pas, dans votre ardeur sportive...

Gaston ne dit rien. 30

Enfin, c'est la version que, moi, j'ai voulu croire. Parce que,
du⁴⁴ côté des Grandchamp, on a fait circuler une autre
histoire, une histoire que je me suis toujours refusé à accepter
pour ma part. Ne cherche pas à la connaître, celle-là, elle
n'est que bête et méchante.   35

---

⁴⁴ *the Grandchamps spread another tale*

GASTON *le regarde.*

Vous l'aimiez bien?

GEORGES

C'était mon petit frère, malgré tout. Malgré tout le reste.
5 Parce qu'il y a eu bien d'autres choses... Ah! tu étais terrible.

GASTON

Tant que j'en aurai le droit, je vous demanderai de dire : *il
était terrible.*

GEORGES, *avec un pauvre sourire à ses souvenirs.*

10 Oui... terrible. Oh! tu nous as causé bien des soucis°! Et, si   worries
tu reviens parmi nous, il faudra que tu apprennes des choses
plus graves encore que ce geste malheureux, sur lequel tu
peux conserver tout de même le bénéfice du doute.

GASTON

15 Je dois encore apprendre autre chose?

GEORGES

Tu étais un enfant, que veux-tu, un enfant livré° à lui-même   (here) left
dans un monde désorganisé. Maman, avec ses principes, se
heurtait° maladroitement° à toi sans rien faire que° te refermer   clashed / awkwardly / but causing you to withdraw
20 davantage. Moi, je n'avais pas l'autorité suffisante... Tu as
fait une grosse bêtise, oui, d'abord, qui[45] nous a coûté très
cher... Tu sais, nous, les aînés°, nous étions au front. Les[46]   the older generation
jeunes gens de ton âge se croyaient tout permis. Tu[47] as
voulu monter une affaire. Y° croyais-tu seulement°, à cette   in it / (here) even
25 affaire? Ou n'était-ce qu'un prétexte pour exécuter tes
desseins? Toi seul pourras nous le dire si tu recouvres complètement ta mémoire. Toujours est-il que tu as ensorcelé° —   bewitched
ensorcelé, c'est le mot — une vieille amie de la famille. Tu
lui as fait donner une grosse somme, près de cinq cent mille
30 francs. Tu étais soi-disant° intermédiaire°. Tu[48] t'étais fait   so-called / agent
faire un faux papier à l'en-tête d'une compagnie... imaginaire
sans doute... Tu signais de faux reçus°. Un jour, tout s'est   receipts
découvert. Mais il était trop tard. Il ne te restait plus que

[45] *which cost us very dearly*
[46] *The young people of your age thought they could get away with anything.*
[47] *You wanted to start a business.*
[48] *You had had letterheads of some fictitious company printed*

quelques milliers de francs. Tu avais dépensé le reste, Dieu
sait dans quels tripots°, dans quelles boîtes°, avec des femmes
et quelques camarades... Nous avons remboursé° naturellement.

*gambling dens / night
clubs / paid back*

GASTON

5

are getting ready

La joie avec laquelle vous vous apprêtez° à voir revenir
votre frère est admirable.

GEORGES *baisse la tête.*

Euen more

Plus encore que tu ne le crois, Jacques.

GASTON

10

Comment! il y a autre chose?

GEORGES

Nous en parlerons une autre fois.

GASTON

Pourquoi une autre fois?

15

GEORGES

Il vaut mieux. Je vais appeler maman. Elle doit s'inquiéter
de notre silence.

GASTON *l'arrête.*

Vous pouvez me parler. Je suis presque sûr de n'être pas
votre frère.

20

GEORGES *le regarde un moment en silence. Puis, d'une
voix sourde°.*

(here) hollow

Vous lui ressemblez beaucoup pourtant. C'est son visage,
mais comme si une tourmente° était passée sur lui.

storm

25

GASTON, *souriant.*

Dix-huit ans! Le vôtre aussi, sans doute, quoique je n'aie
pas l'honneur de me le rappeler sans rides°.

wrinkles

GEORGES

Ce ne sont pas seulement des rides. C'est[49] une usure. Mais
une usure qui, au lieu de raviner°, de durcir°, aurait[50] adouci,
poli. C'est comme une tourmente de douceur et de bonté qui
est passée sur votre visage. *Ygoodness*

30

furrowing / hardening

instead of / sweetness

---

[49] *It's a worn look.*
[50] *would have softened, polished*

*le visage à Jacques
était dur*

GASTON

Oui. Il y a beaucoup de chances, je le comprends maintenant,
pour que le visage de M. votre frère n'ait pas été particulièrement empreint° de douceur.   marked

5   GEORGES

Vous vous trompez. Il était dur, oui, léger, inconstant...
Mais... oh! je l'aimais bien avec ses défauts°. Il était plus   faults
beau que moi. Pas plus intelligent peut-être — de l'intelligence
qu'il faut au collège ou dans les concours° — mais plus   competitive examinations
10 sensible°, plus brillant sûrement...   sensitive
                              Il dit sourdement.
Plus séduisant°. Il m'aimait bien aussi, vous savez, à sa   seductive
façon. Il avait même, au sortir de l'enfance du moins, une
sorte de tendresse reconnaissante qui me touchait beaucoup.
15 C'est pourquoi cela a été si dur quand j'ai appris.
        Il baisse la tête comme si c'était lui qui avait tort.
Je l'ai détesté, oui, je l'ai détesté. Et puis, très vite, je n'ai
plus su lui en vouloir.   *not really*   *Il ne pouvez pas detester*
        GASTON

20 Mais de quoi?

        GEORGES *a relevé la tête, il le regarde.*
Est-ce toi, Jacques?
                              Gaston fait un geste.
J'ai beau me dire qu'il était jeune, qu'il était faible au fond
25 comme tous les violents... J'ai beau me dire que tout[1] est
facile à de belles lèvres un soir d'été quand on va partir au
front. J'ai beau me dire que j'étais loin, qu'elle aussi était
toute petite...

        GASTON

30 Je[2] vous suis mal. Il vous a pris une femme?
                              Un temps.
Votre femme?
        Georges fait° «oui». Gaston, sourdement.   nods
Le salaud.

35   GEORGES *a un petit sourire triste.*
C'est peut-être vous.

---

[1] *anything is easy for someone with pretty lips*
[2] *I'm having trouble following you. (lit. I follow you badly.)*

(here) choked with emotion

GASTON, *après un temps, demande d'une voix cassée°.*

C'est Georges que vous vous appelez?

GEORGES

Oui.

GASTON *le regarde un moment, puis il a un geste de*   5
tendresse maladroite.

Georges...

MADAME RENAUD *paraît dans l'antichambre.*

Tu es là, Jacques?

ashamed

GEORGES, *les larmes aux yeux, honteux° de son*   10
émotion.

Excusez-moi, je vous laisse.

Il sort rapidement par l'autre porte.

MADAME RENAUD, *entrant dans la chambre.*

Jacques...   15

moving

GASTON, *sans bouger°.*

Oui.

MADAME RENAUD

Guess

Devine° qui vient de venir?... Ah! c'est[3] une audace.

wearily

GASTON, *las°.*   20

riddles

Je n'ai déjà pas de mémoire, alors... les devinettes°...

MADAME RENAUD

Tante Louise, mon cher! Oui, tante Louise!

GASTON

Tante Louise. Et c'est une audace?...   25

MADAME RENAUD

Ah! tu peux m'en croire... Après ce qui s'est passé! J'espère
bien que tu me feras le plaisir de ne pas la revoir si elle tentait
de t'approcher malgré nous. Elle[4] s'est conduite d'une façon!...
Et puis d'ailleurs tu ne l'aimais pas. Oh! mais quelqu'un de 30

---

[3] *What nerve!*
[4] *She behaved herself in such a way!...*

la famille que tu détestais, mon petit, tu avais pour lui une
véritable haine°, justifiée d'ailleurs, je dois le reconnaître°,   hatred / (here) admit
c'est ton cousin Jules.

GASTON, toujours° sans bouger.   (here) still

5 J'ai donc une véritable haine que je ne savais pas.

MADAME RENAUD

Pour Jules? Mais tu ne sais pas ce qu'il t'a fait, le petit
misérable°? Il t'a dénoncé au concours[5] général parce que tu   wretch
avais une table de logarithmes... C'est vrai, il faut bien que
10 je te raconte toutes ces histoires, tu serais capable de[6] leur
faire bonne figure, à tous ces gens, toi qui ne te souviens de
rien!... Et Gérard Dubuc qui viendra sûrement te[7] faire des
sucreries... Pour pouvoir entrer à la Compagnie Fillière où
tu avais beaucoup plus de chances que lui d'être pris à cause
15 de ton oncle, il t'a fait éliminer en te calomniant° auprès de   slandering
la direction°. Oui, nous avons su plus tard que c'était lui. Oh!   management
mais j'espère bien que tu lui fermeras la porte, comme à
certains autres que je te dirai et qui t'ont trahi° ignoblement.   betrayed

GASTON

20 Comme c'est plein de choses agréables, un passé!...

MADAME RENAUD

En° revanche, quoiqu'elle soit un peu répugnante depuis   On the contrary
qu'elle est paralytique, la pauvre, il faudra bien embrasser
la chère Mme Bouquon. Elle t'a vu naître.

25 GASTON

Cela ne me paraît pas une raison suffisante.

MADAME RENAUD

Et puis c'est elle qui t'a soigné pendant ta pneumonie quand
j'étais malade en même temps que toi. Elle t'a sauvé, mon
30 petit!

GASTON

C'est vrai, il y a aussi la reconnaissance. Je n'y pensais plus,
à celle-là.

Un temps.

---

[5] General competitive examination given at the end of secondary school studies.
[6] *of being nice to all these people*
[7] *to butter you up*

Des obligations, des haines, des blessures... Qu'est-ce que
je croyais donc que c'était, des souvenirs?

> *Il s'arrête, réfléchit.*

C'est juste, j'oubliais des remords. J'ai un passé complet
maintenant. 5

> *Il sourit drôlement, va à elle.*

demanding
Mais vous voyez comme je suis exigeant°. J'aurais préféré un
modèle avec quelques joies. Un petit enthousiasme aussi si
c'était possible. Vous n'avez rien à m'offrir?

MADAME RENAUD 10

Je ne te comprends pas, mon petit.

GASTON

C'est pourtant bien simple. Je voudrais que vous me disiez
une de mes anciennes joies. Mes haines, mes remords ne
m'ont rien appris. Donnez-moi une joie de votre fils, que[8] je 15
voie comment elle sonne en moi.

MADAME RENAUD

Oh! ce n'est pas difficile. Des joies, tu en as eu beaucoup, tu
spoiled
sais... Tu as été tellement gâté°!

GASTON 20

Eh bien, j'en voudrais une...

MADAME RENAUD

irritating
Bon. C'est agaçant° quand il faut se rappeler comme cela
d'un coup, on ne sait que choisir...

GASTON 25

at random
Dites au° hasard.

MADAME RENAUD

Eh bien, tiens, quand tu avais douze ans...

GASTON *l'arrête.*

Une joie d'homme. Les autres sont trop loin. 30

MADAME RENAUD, *soudain gênée.*

C'est que... tes joies d'homme... Tu ne me les disais pas
beaucoup. Tu sais, un grand garçon!... Tu sortais tellement.

---

[8] *so that I can see how I react to it*

Comme tous les grands garçons... Vous étiez les rois à cette époque. Tu allais dans les bars, aux courses°... Tu avais des joies avec tes camarades, mais avec moi...

races

GASTON

5 Vous ne m'avez jamais vu joyeux devant vous?

MADAME RENAUD

Mais[9] tu penses bien que si! Tiens, le[10] jour de tes derniers prix, je me rappelle...

GASTON *la coupe.*

10 Non, pas les prix! Plus tard. Entre le moment où j'ai posé mes livres de classe et celui où l'on m'a mis un fusil dans les mains; pendant ces quelques mois qui devaient être, sans que je m'en doute, toute ma vie d'homme.

after high school
before war

MADAME RENAUD

15 Je cherche. Mais tu sortais tellement, tu sais... Tu[11] faisais tellement l'homme...

GASTON

Mais enfin, à dix-huit ans, si[12] sérieusement qu'on joue à l'homme, on est encore un enfant! Il y a bien eu un jour une 20 fuite° dans la salle de bains que personne ne pouvait arrêter, un jour où la cuisinière a fait un barbarisme° formidable, où nous avons rencontré un receveur° de tramway comique... J'ai ri devant vous. J'ai été content d'un cadeau, d'un rayon° de soleil. Je ne vous demande pas une joie débordante°... une 25 toute petite joie. Je n'étais pas neurasthénique°?

leak
malapropism
conductor
ray
overflowing
pathologically depressed

MADAME RENAUD, *soudain gênée.*

Je vais te dire, mon petit Jacques... J'aurais voulu t'expliquer cela plus tard, et plus posément°... Nous n'étions plus en très bons termes à cette époque, tous les deux!... Oh! c'était 30 un enfantillage!... Avec le recul°, je suis sûre que cela va te paraître beaucoup plus grave que cela ne l'a été. Oui, à cette époque précisément, entre le collège et le régiment, nous[13] ne nous adressions pas la parole.

calmly

passage of time

---

[9] *I should say so!*
[10] *on your "awards day"* (In French schools prizes are awarded for various attainments at the end of the school year.)
[11] *You acted so much like a man...*
[12] *however seriously one plays at being a man*
[13] *we didn't speak to each other*

tétue – stubborn

GASTON

Ah!

MADAME RENAUD

Oui. Oh! pour des bêtises, tu sais.

GASTON   5

Et... cela a duré longtemps, cette brouille?

MADAME RENAUD

Presque un an.

GASTON

Good grief!   Fichtre°! Nous avions tous deux de l'endurance. Et qui avait 10
commencé?

MADAME RENAUD, *après une hésitation.*

Oh! moi, si tu veux... Mais c'était bien à cause de toi.
Tu[14] t'étais entêté stupidement.

GASTON   15

Quel[15] entêtement de jeune homme a donc pu vous entraîner
à ne pas parler à votre fils pendant un an?

MADAME RENAUD

Tu n'as jamais rien fait pour faire cesser cet état de choses.
Rien!   20

GASTON

Mais, quand je suis parti pour le front, nous nous sommes
réconciliés tout de même, vous ne m'avez pas laissé partir
sans m'embrasser?

MADAME RENAUD, *après un silence, soudain.*   25
Si.

Un temps, puis vite.

C'est ta faute, ce jour-là aussi je t'ai attendu dans ma chambre.
Toi, tu attendais dans la tienne. Tu voulais que je fasse les
premiers pas, moi, ta mère!... Alors que tu m'avais gravement 30
intervene   offensée. Les autres ont eu beau s'entremettre°. Rien ne t'a
fait céder. Rien. Et tu partais pour le front.

---

[14] *You were so stupidly pig-headed.*
[15] *What stubbornness on the part of a young man was able to induce you then*

orgueilleux – too proud

GASTON

Quel âge avais-je?

MADAME RENAUD

Dix-huit ans.

5   GASTON

Je ne savais peut-être pas où j'allais. A dix-huit ans, c'est
une aventure amusante, la guerre. Mais on n'était plus en
1914 où les mères mettaient des fleurs au fusil; vous [16] deviez
le savoir, vous, où j'allais.

10   MADAME RENAUD

Oh! je pensais que la guerre serait finie avant que tu quittes
la caserne° ou que je te reverrais à ta première permission   barracks
avant le front. Et puis, tu étais toujours si cassant°, si dur   curt
avec moi.

15   GASTON

Mais vous ne pouviez pas descendre me dire : «Tu es fou,
embrasse-moi!»

MADAME RENAUD

J'ai [17] eu peur de tes yeux... Du rictus d'orgueil que tu aurais
20 eu sans doute. Tu aurais été capable de me chasser°, tu sais...   chase away

GASTON

Eh bien, vous seriez revenue, vous auriez pleuré à ma porte,
vous m'auriez supplié°, vous vous seriez mise à genoux pour   begged
que cette chose ne soit pas et que je vous embrasse avant de
25 partir. Ah! c'est mal de ne pas vous être mise à genoux.

MADAME RENAUD

Mais une mère, Jacques!...

GASTON

J'avais dix-huit ans, et on m'envoyait mourir. J'ai un peu
30 honte de vous dire cela, mais, j'avais beau être brutal,
m'enfermer dans mon jeune orgueil imbécile, vous auriez dû
tous vous mettre à genoux et me demander pardon.

---

[16] *you must have known*
[17] *I was afraid of the look that I would have seen in your eyes...of the triumphant smirk*

MADAME RENAUD

Pardon de quoi? Mais je n'avais rien fait, moi!

GASTON

Et qu'est-ce que j'avais fait, moi, pour que[18] cet infranchis-
sable fossé se creuse entre nous?   5

MADAME RENAUD, *avec soudain le ton d'autrefois.*

Oh! tu[19] t'étais mis dans la tête d'épouser une petite coutu-
rière° que tu avais trouvée Dieu sait où, à dix-huit ans, et qui
refusait sans doute de devenir ta maîtresse... Le mariage n'est
pas une amourette°! Devions-nous te laisser compromettre 10
ta vie, introduire cette fille chez nous? Ne me dis pas que tu
l'aimais... Est-ce qu'on aime à dix-huit ans, je veux dire:
est-ce qu'on aime profondément, d'une façon durable, pour
se marier et fonder un foyer°, une petite cousette° rencontrée
dans un bal trois semaines plus tôt?   15

GASTON, *après un silence.*

Bien sûr, c'était une bêtise... Mais ma classe[20] allait être
appelée dans quelques mois, vous le saviez. Si cette bêtise
était la seule qu'il m'était donné de faire; si[21] cet amour, qui
ne pouvait pas durer, celui qui vous le réclamait n'avait que 20
quelques mois à vivre, pas même assez pour l'épuiser?

MADAME RENAUD

Mais on ne pensait pas que tu allais mourir!... Et puis, je ne
t'ai pas tout dit. Tu sais ce que tu m'as crié, en[22] plein visage,
avec ta bouche toute tordue°, avec ta main levée sur moi, moi 25
ta mère? «Je te déteste, je te déteste!» voilà ce que tu m'as
crié.
                                                    Un silence.
Comprends-tu maintenant pourquoi je suis restée dans ma
chambre en espérant que tu monterais, jusqu'à ce que la 30
porte de la rue claque° derrière toi?

Glosses (left margin):
seamstress
passing fancy
home / apprentice seam-
stress
twisted
slammed

Handwritten annotations: la cause de brouille?   façon de rebeller d'un enfant

---

[18] *that this unbridgeable gap should open*
[19] *you got it into your head*
[20] French draftees are called up according to the year of their birthday, and each year con-
   stitutes a "**classe**", which is labeled according to the year the draftee is called up.
[21] *suppose this love could not last and suppose that the one who was asking you for it (i.e., Jacques
   was asking his mother for permission to marry) had only a few months to live, not even
   enough time to take full advantage of it*
[22] *right in my face*

GASTON, *doucement, après un silence.*

Et je suis mort à dix-huit ans, sans avoir eu ma petite joie,
sous prétexte que c'était une bêtise, et sans que vous m'ayez
reparlé. J'ai été couché° sur le dos toute une nuit avec ma   *lying*
5 blessure à l'épaule, et j'étais deux fois plus seul que les autres
qui appelaient leur mère.

Un silence, il dit soudain comme[23] *pour lui.*

C'est vrai, je vous déteste.

MADAME RENAUD *crie, épouvantée°.*   *horrified*

10 Mais, Jacques, qu'est-ce que tu as?

GASTON *revient à lui, la voit.*

Comment? Pardon... Je vous demande pardon.

Il s'est éloigné, fermé°, dur.   *withdrawn*

Je ne suis pas Jacques Renaud; je ne reconnais rien ici de[24]
15 ce qui a été à lui. Un moment, oui, en vous écoutant parler, je
me° suis confondu avec lui. Je vous demande pardon. Mais,   *identified myself*
voyez-vous pour un homme sans mémoire, un passé tout
entier, c'est[25] trop lourd à endosser en une seule fois. Si vous
voulez me faire plaisir, pas seulement me faire plaisir, me
20 faire du bien, vous me permettriez de retourner à l'asile. Je
plantais des salades, je cirais les parquets°. Les jours pas-   *floors*
saient... Mais même au bout de dix-huit ans — une autre moitié
exactement de ma vie — ils[26] n'étaient pas parvenus, en
s'ajoutant les uns aux autres, à faire cette chose dévorante
25 que vous appelez un passé.

MADAME RENAUD

Mais, Jacques...

GASTON

Et puis, ne m'appelez plus Jacques... Il a fait trop de choses,
30 ce Jacques. Gaston, c'est bien; quoique[27] ce ne soit personne,
je sais qui c'est. Mais ce Jacques dont le nom est déjà entouré
des cadavres de tant d'oiseaux, ce Jacques qui a trompé°,   *deceived*
meurtri°, qui s'en est allé tout seul à la guerre sans personne   *bruised*
à son train, ce Jacques qui n'a même pas aimé, il me fait
35 peur.

---

[23] *as if to himself*
[24] *of what was his*
[25] *it's too much to take at one time*
[26] *they (the years) hadn't succeeded, even when accumulated, in forming this devouring thing
that you call a past*
[27] *although he (i.e., Gaston) is no one, I know who he is*

MADAME RENAUD

Mais enfin, mon petit...

GASTON

Allez-vous-en! Je ne suis pas votre petit.

MADAME RENAUD   5

Oh! tu me parles comme autrefois!

GASTON

Je n'ai pas d'autrefois, je vous parle comme aujourd'hui.
Allez-vous-en!

stiffens   MADAME RENAUD *se redresse°, comme autrefois elle aussi.*   10

C'est bien, Jacques! Mais, quand les autres t'auront prouvé
que je suis ta mère, il faudra bien que tu viennes me demander
pardon.

Elle sort sans voir Valentine qui a écouté les dernières
speeches   *répliques° du couloir.*   15

VALENTINE *s'avance quand elle est sortie.*

Vous dites qu'il n'a jamais aimé. Qu'en savez-vous, vous qui
ne savez rien?

GASTON *la*[28] *toise.*

Vous aussi, allez-vous-en!   20

VALENTINE

Pourquoi me parlez-vous ainsi? Qu'est-ce que vous avez?

GASTON *crie.*

Allez-vous-en! Je ne suis pas Jacques Renaud.

VALENTINE   25

Vous le criez comme si vous en aviez peur.

GASTON

C'est un peu cela.

---

[28] *gives her the once-over*

VALENTINE

De[29] la peur, passe encore. La jeune ombre° de Jacques est   shadow
une ombre redoutable° à endosser°, mais pourquoi de la   overwhelming / take on
haine et contre moi?

5   ### GASTON

Je n'aime pas que vous veniez me faire des *sourires* comme
vous n'avez *cessé* de m'en faire depuis que je suis ici. Vous
avez été sa maîtresse.

VALENTINE

10 Qui a osé le dire?

GASTON

Votre mari.

Un silence.

VALENTINE

15 Eh bien, si vous êtes mon amant, si je vous retrouve et que[30]
je veuille vous reprendre... Vous êtes assez ridicule pour
trouver cela mal?

GASTON

Vous parlez à une sorte de paysan[31] du Danube. D'un[32]
20 drôle de Danube, d'ailleurs, aux eaux noires et aux rives sans
nom. Je suis un[33] homme d'un certain âge, mais j'arrive frais[34]
éclos au monde. Cela n'est peut-être pas si mal après tout de
prendre la femme de son frère, d'un frère qui vous aimait,
qui vous a fait du bien?

25   ### VALENTINE, *doucement.*

Quand nous nous sommes connus en vacances à Dinard,
j'ai joué au tennis, j'ai nagé plus souvent avec vous qu'avec
votre frère... J'ai fait plus de promenades sur les rochers
avec vous. C'est avec vous, avec vous seul, que j'ai échangé
30 des baisers°. Je suis venue chez votre mère, ensuite, à des   kisses
parties° de camarades et votre frère s'est mis à m'aimer;   gatherings
mais c'était vous que je venais voir.

---

[29] *Fear I can understand.*
[30] *if* (French often replaces a conjunction which was previously used in the same sentence by
que. When **que** replaces **si,** the verb of its clause is in the subjunctive.)
[31] *a peasant of the Danube country* (implying that he is a sort of country bumpkin)
[32] *Of a strange sort of*
[33] *a middle-aged man*
[34] **frais éclos** = *newly born*

GASTON

Mais c'est tout de même lui que vous avez épousé?

VALENTINE

orphan
cent / charitable

Vous étiez un enfant. J'étais orpheline°, mineure sans un
sou°, avec une tante bienfaitrice° qui[35] m'avait déjà fait 5
payer très cher les premiers partis refusés. Devais-je me
vendre à un autre plutôt qu'à lui qui me rapprochait° de vous?

brought nearer

GASTON

column

Il y a une rubrique° dans les magazines féminins où l'on
répond à ce genre de questions.   10

VALENTINE

honeymoon

Je suis devenue votre maîtresse au retour de notre voyage° de
noces.

GASTON

Ah! nous avons tout de même attendu un peu.   15

VALENTINE

(here) entirely / broke out

Un peu? Deux mois, deux horribles mois. Puis, nous avons
eu trois ans bien° à nous, car la guerre a éclaté° tout de suite
et Georges est parti le 4 août... Et après ces dix-sept ans,
Jacques...   20

backs away

Elle a mis sa main sur son bras, il recule°.

GASTON

Je ne suis pas Jacques Renaud.

VALENTINE

Quand[36] bien même... Laissez-moi contempler le fantôme 25
du seul homme que j'aie aimé...

Elle a un petit sourire.

are pouting

Oh! tu plisses° ta bouche...

Elle le regarde bien[37] en face, il est gêné.

Rien[38] de moi ne correspond à rien dans votre magasin aux 30
accessoires, un regard, une inflexion?

---

[35] *who had already made me pay dearly for the first proposals that I had refused*
[36] *All the same...*
[37] *squarely*
[38] *Does nothing in me strike a chord in you (lit. correspond to anything in your prop room)*

GASTON

Rien.

VALENTINE

Ne soyez pas si dur, de quelque° Danube infernal que vous   whatever
5 veniez! C'est grave, vous comprenez, pour une femme qui a
aimé de retrouver un jour, après une interminable absence
sinon un amant, du moins, avec la reconstitution du plus
imperceptible plissement° de bouche, son fantôme scrupu-   pouting
leusement exact.

10   GASTON

Je suis peut-être un fantôme plein d'exactitude, mais je ne
suis pas Jacques Renaud.

VALENTINE

Regardez-moi bien.

15   GASTON

Je vous regarde bien. Vous êtes charmante, mais je ne suis
pas Jacques Renaud!

VALENTINE

Je ne suis rien pour vous, vous en êtes sûr?

20   GASTON

Rien.

VALENTINE

Alors, vous ne retrouverez jamais votre mémoire.

GASTON

25 J'en[39] arrive à le souhaiter.
               Un temps, il s'inquiète tout de même.
Pourquoi ne retrouverai-je jamais ma mémoire?

VALENTINE

Vous ne vous souvenez même pas des gens que vous avez
30 vus il y a deux ans.

GASTON

Deux ans?

VALENTINE

Une lingère, une lingère en remplacement...

---

[39] *At this point, I'm beginning to hope that I won't.*

GASTON

Une lingère en remplacement?

Un silence. Il demande soudain :

Qui vous a raconté cela?

VALENTINE   5

Personne. J'avais — avec l'approbation de ma belle-mère
d'ailleurs — adopté cette personnalité pour vous approcher
librement. Regardez-moi bien, homme sans mémoire...

draws her near him   GASTON *l'attire° malgré lui, troublé.*

C'était vous la lingère qui n'est restée qu'un jour?   10

VALENTINE

Oui, c'était moi.

GASTON

Mais vous ne m'avez rien dit ce jour-là?

VALENTINE   15

Je ne voulais rien vous dire avant... J'espérais, vous voyez
comme je crois à l'amour — à votre amour — qu'en me
prenant vous retrouveriez la mémoire.

GASTON

Mais après?   20

VALENTINE

Après, comme j'allais vous dire, rappelez-vous, nous avons
caught   été surpris°.

GASTON *sourit à ce souvenir.*

supply manager   Ah? l'économe°!   25

VALENTINE *sourit aussi.*

L'économe, oui.

GASTON

Mais vous n'avez pas crié partout que vous m'aviez reconnu?

VALENTINE   30

Je l'ai crié, mais[40] nous étions cinquante familles à le faire.

---

[40] *but there were fifty families doing the same thing* (i.e., claiming Jacques as part of their
family)

Gaston *a un rire nerveux, soudain.*

Mais c'est vrai, suis-je bête, tout le monde me reconnaît!
Cela ne prouve en° rien que je suis Jacques Renaud.   in any way

VALENTINE

5 Vous vous en êtes souvenu tout de même de votre lingère et
de son gros paquet de draps°?   sheets

GASTON

Mais, bien sûr, je m'en suis souvenu. A part mon amnésie,
j'ai beaucoup de mémoire.

10   ### VALENTINE

Vous voulez la reprendre dans vos bras, votre lingère?

Gaston *la° repousse.*   pushes her away

Attendons de savoir si je suis Jacques Renaud.

VALENTINE

15 Et si vous êtes Jacques Renaud?

GASTON

Si je suis Jacques Renaud, je ne la reprendrai pour rien au
monde dans mes bras. Je ne veux pas être l'amant de la
femme de mon frère.

20   ### VALENTINE

Mais vous l'avez déjà été!...

GASTON

Il y a si longtemps et j'ai été si malheureux depuis, je[41] suis
lavé de ma jeunesse.

25   Valentine *a un petit rire triomphant.*

Vous oubliez déjà votre lingère!... Si vous êtes Jacques
Renaud, c'est il y a deux ans que vous avez été l'amant de
la femme de votre frère. Vous, bien vous, pas un lointain°   remote
petit jeune homme.

30   ### GASTON

Je ne suis pas Jacques Renaud!

---

[41] *I have been cleansed of my youth*

VALENTINE

Écoute, Jacques, il faut pourtant que tu renonces à la
merveilleuse simplicité de ta vie d'amnésique. Écoute, Jacques,
il faut pourtant que tu t'acceptes. Toute notre vie avec notre

moral code

belle morale° et notre chère liberté, cela consiste en[42] fin de 5
compte à nous accepter tels que nous sommes... Ces dix-sept
ans d'asile pendant lesquels tu t'es conservé si pur, c'est la
durée exacte d'une adolescence, ta seconde adolescence

ends

qui prend° fin aujourd'hui. Tu vas redevenir un homme,
avec[43] tout ce que cela comporte de taches, de ratures et 10
aussi de joies. Accepte-toi et accepte-moi, Jacques.

GASTON

Si j'y suis obligé par quelque preuve, il faudra bien que je
m'accepte; mais je ne vous accepterai pas!

VALENTINE   15

Mais puisque malgré toi c'est fait déjà, depuis deux ans!

GASTON

Je ne prendrai pas la femme de mon frère.

VALENTINE

Quand[44] laisseras-tu tes grands mots ? Tu vas voir, maintenant 20
que tu vas être un homme, aucun de tes nouveaux problèmes
ne sera assez simple pour que tu puisses le[45] résumer dans

from him / first of all
from you

une formule... Tu m'as prise à° lui, oui. Mais le° premier, il
m'avait prise à° toi, simplement parce qu'il avait été un
homme, maître de ses actes, avant toi.   25

GASTON

Et puis, il[46] n'y a pas que vous... Je ne tiens pas à avoir

swindled

dépouillé° de vieilles dames, violé des bonnes.

VALENTINE
Quelles bonnes ?   30

---

[42] *all things considered*
[43] *with all the blemishes, the failures and also the joys that that entails*
[44] *When are you going to stop using such high-sounding words?*
[45] *condense it into a formula*
[46] *you aren't the only one (lit. there isn't only you)*

GASTON

Un autre détail... Je ne tiens pas non plus à avoir levé la
main sur ma mère, ni à aucune des excentricités de mon
affreux petit sosie°.   double

5   VALENTINE

Comme tu cries!... Mais, à[47] peu de choses près, tu as déjà
fait cela aussi tout à l'heure...

GASTON

J'ai dit à une vieille dame inhumaine que je la détestais, mais
10 cette vieille dame n'était pas ma mère.

VALENTINE

Si, Jacques! Et c'est pour cela que tu le lui as dit avec tant
de véhémence. Et, tu vois, il t'a suffi, au contraire, de côtoyer°   rub elbows with
une heure les personnages de ton passé pour reprendre
15 inconsciemment° avec eux tes anciennes attitudes. Écoute,   unconsciously
Jacques, je vais monter dans ma chambre, car tu vas être
très en colère. Dans dix minutes, tu m'appelleras, car tes
colères sont terribles, mais ne durent jamais plus de dix
minutes.

20   GASTON

Qu'en savez-vous? Vous[48] m'agacez à la fin. Vous avez l'air
d'insinuer que vous me connaissez mieux que moi.

VALENTINE

Mais bien sûr!... Écoute, Jacques, écoute. Il y a une preuve
25 décisive que je n'ai jamais pu dire aux autres...!

GASTON *recule.*

Je ne vous crois pas!

VALENTINE *sourit.*

Attends, je ne l'ai pas encore dite.

30   GASTON *crie.*

Je ne veux pas vous croire, je ne veux croire personne. Je ne
veux plus que personne me parle de mon passé!

---

[47] *very nearly*
[48] *You're beginning to get on my nerves.*

LA DUCHESSE *entre*[49] *en trombe, suivie de maître
Huspar, Valentine se cache dans la salle de bain.*

dreadful
yelling at the top of their
voices

Gaston, Gaston, c'est épouvantable°! Des gens viennent
d'arriver, furieux, tonitruants°, c'est une de vos familles.
J'ai été obligée de les recevoir. Ils m'ont couverte d'insultes. 5
Je comprends maintenant que j'ai été follement imprudente
de ne pas suivre l'ordre d'inscription que nous avions annoncé
par voie[50] de presse... Ces gens-là se croient frustrés. Ils vont
faire[1] un scandale, nous accuser de Dieu sait quoi!

HUSPAR   10

Je suis sûr, Madame, que personne n'oserait vous suspecter.

LA DUCHESSE

blind
pulling strings
receives / considerable

Mais vous ne comprenez donc point que ces deux cent
cinquante mille francs les aveuglent°! Ils parlent de favori-
tisme, de passe-droit°. De là à prétendre que mon petit 15
Albert touche° la forte° somme de la[2] famille à laquelle il
attribue Gaston il n'y a qu'un pas!

LE MAÎTRE D'HÔTEL *entre.*

Madame. Je demande pardon à Madame la duchesse. Mais
voici d'autres personnes qui réclament maître Huspar ou 20
Madame la duchesse.

LA DUCHESSE

Leur nom?

LE MAÎTRE D'HÔTEL

Ils m'ont donné cette carte que je ne me permettais pas de 25
présenter dès[3] l'abord à Madame la duchesse, vu qu'elle est
commerciale.

dignified

Il lit, très digne°.

«Beurre, œufs, fromages.
Maison Bougran.»   30

LA DUCHESSE, *cherchant dans son agenda.*

Bougran? Vous avez dit Bougran? C'est la crémière!

---

[49] *bursts in*
[50] *in the newspapers*
[1] *raise a rumpus*
[2] *from the family to which he says Gaston belongs*
[3] *at first*

Le valet de chambre *frappe et entre.*

Je demande pardon à Madame; mais c'est un Monsieur, ou plutôt un homme, qui demande Madame la duchesse. Vu[4] sa tenue, je dois dire à Madame que je n'ai pas osé l'introduire.

5   La duchesse, *dans son agenda.*

Son nom? Legropâtre ou Madensale?

Le valet de chambre

Legropâtre, Madame la duchesse.

La duchesse

10 Legropâtre, c'est le lampiste! Introduisez-le avec[5] beaucoup d'égards! Ils sont tous venus par le même train. Je parie que les Madensale vont suivre. J'ai appelé Pont-au-Bronc au téléphone. Je vais tâcher de les[6] faire patienter!
    Elle sort rapidement, suivie de maître Huspar.

15   Gaston *murmure, harassé.*

Vous avez tous des preuves, des photographies ressemblantes, des souvenirs précis comme des crimes... Je vous écoute tous et je sens surgir° peu à peu derrière moi un être hybride où   arise
il y a un peu de chacun de vos fils et rien de moi, parce que
20 vos fils n'ont rien de moi.
                                                            Il répète.
Moi. Moi. J'existe, moi, malgré toutes vos histoires... Vous avez parlé de la merveilleuse simplicité de ma vie d'amnésique tout à l'heure... Vous[7] voulez rire. Essayez de prendre toutes
25 les vertus, tous les vices et de[8] les accrocher derrière vous.

    Valentine, *qui est rentrée à la sortie de la duchesse.*

Ton lot[9] va être beaucoup plus simple si tu veux m'écouter
une minute seulement, Jacques. Je t'offre une succession° un   inheritance
peu chargée°, sans doute, mais qui te paraîtra légère puis-   burdensome
30 qu'elle va te délivrer de toutes les autres? Veux-tu m'écouter?

---

[4] *Considering his clothing*
[5] *with all due respect*
[6] *calm them down*
[7] *You're not serious.*
[8] *to put them behind you*
[9] *[lo]*

GASTON

Je vous écoute.

VALENTINE

naked

scar

shoulder blade

overdressed

Je ne t'ai jamais vu nu°, n'est-ce pas? Eh bien, tu as une cicatrice°, une toute petite cicatrice qu'aucun des médecins 5 qui t'ont examiné n'a découverte, j'en suis sûre, à deux centimètres sous l'omoplate° gauche. C'est un coup [10] d'épingle à chapeau — crois-tu qu'on était affublée° en 1915! — je te l'ai donné un jour où j'ai cru que tu m'avais trompée.

Elle sort. Il reste abasourdi un instant, puis il commence 10 *lentement à enlever sa veste.*

got it from
Valentine   LE RIDEAU TOMBE   preuve

because she
thought he was
cheating on her

---

[10] *a jab with a hatpin*

QUATRIÈME TABLEAU

Le chauffeur et le valet de chambre grimpés °sur une chaise dans   climbing
un petit couloir obscur et regardant par un œil-de-bœuf°.   a small circular window

Le valet de chambre

Hé! dis donc! Y¹ se déculotte...

5   Le chauffeur, *le poussant pour prendre sa place.*

Sans blague; Mais il est complètement sonné°, ce gars-là!   crazy
Qu'est-ce qu'il fait? Il se cherche une puce°? Attends, attends.   flea
Le voilà qui grimpe sur une chaise pour se regarder dans la
glace de la cheminée...

10   Le valet de chambre

Tu² rigoles... Y monte sur une chaise?

Le chauffeur
Je te le dis.

Le valet de chambre, *prenant sa place.*

15 Fais° voir ça... Ah! dis donc! Et tout ça c'est pour voir son   Show me
dos. Je te dis qu'il est sonné. Bon. Le voilà qui redescend. Il
a vu ce qu'il voulait. Y° remet sa chemise. Y s'assoit... Ah!   He is putting back on
dis donc... Mince° alors!   Doggone

Le chauffeur
20 Qu'est-ce qu'il fait?

----

¹ *He's undressing.* (Y = Il) In this *tableau* y often means **il.** (See Vocabulary page ii)
² *You're kidding...*

wide-eyed   LE VALET DE CHAMBRE *se retourne, médusé°.*

Y[3] chiale...

                                    LE RIDEAU TOMBE

il ~~est~~ *est* vrai. Il est Jacques

Renaud.

CINQUIÈME TABLEAU

La chambre de Jacques. Les persiennes [shutters] *sont fermées, l'ombre*
rousse° est rayée° de lumière. C'est le matin. Gaston est couché   russet / streaked
dans le lit, il dort. Le maître d'hôtel et le valet de chambre sont
en train d'apporter dans la pièce des animaux empaillés qu'ils
5 *disposent° autour du lit. La duchesse et Mme Renaud dirigent*   place
les opérations du couloir. Tout¹ se joue en chuchotements et sur
la pointe des pieds.

LE MAÎTRE D'HÔTEL

Nous les posons également autour du lit, Madame la duchesse?

10   ### LA DUCHESSE

Oui, oui, autour du lit, qu'en ouvrant les yeux il les voie
toutes en même temps.

MADAME RENAUD

Ah! si la vue de ces petits animaux pouvait le faire revenir à
15 lui!

LA DUCHESSE

Cela peut le frapper beaucoup.

MADAME RENAUD

Il aimait tant les traquer°! Il montait sur les arbres à des   trap
20 hauteurs vertigineuses° pour mettre de la glu° sur les branches.   dizzying / birdlime

LA DUCHESSE, *au maître d'hôtel.*

Mettez-en une sur l'oreiller°, tout près de lui. Sur l'oreiller,   pillow
oui, oui, sur l'oreiller.

....

¹ *Everything is done in whispers and on tiptoe.*

on waking up
creature

LE MAÎTRE D'HÔTEL

Madame la duchesse ne craint pas qu'il ait peur en° s'éveillant
de voir cette bestiole° si près de son visage?

LA DUCHESSE

Excellente, la peur, dans son cas, mon ami. Excellente.   5
Elle revient à Mme Renaud.

consumed / worry

Ah! je ne vous cacherai pas que je suis dévorée° d'inquiétude°,
Madame! J'ai pu calmer ces gens, hier soir, en leur disant
qu'Huspar et mon petit Albert seraient ici ce[2] matin à la
première heure; mais qui sait si nous arriverons à nous en 10

damage

débarrasser sans dégâts°?...

LE VALET DE CHAMBRE *entre.*

Les familles présumées de M. Gaston viennent d'arriver,
Madame la duchesse.

LA DUCHESSE   15

Vous voyez! Je leur avais dit neuf heures, ils sont là à neuf
heures moins cinq. Ce sont des gens que rien ne fera céder.

MADAME RENAUD

Où les avez-vous introduits, Victor?

LE VALET DE CHAMBRE   20

Dans le grand salon, Madame.

LA DUCHESSE

Ils sont autant qu'hier? C'est bien une idée de paysans de
venir en groupe pour mieux se défendre.

LE VALET DE CHAMBRE   25

more numerous

Ils sont davantage°, Madame la duchesse.

LA DUCHESSE

Davantage? Comment cela?

LE VALET DE CHAMBRE

Oui, Madame la duchesse, trois de plus, mais ensemble. Un 30
monsieur de bonne apparence, avec un petit garçon, et sa

governess

gouvernante°.

---

[2] *the first thing in the morning*

LA DUCHESSE

Une gouvernante? Quel genre de gouvernante?

LE VALET DE CHAMBRE

Anglais, Madame la duchesse.

5   LA DUCHESSE

Ah! ce sont les Madensale!... Des gens que je crois charmants.
C'est la branche anglaise de la famille qui réclame Gaston...
C'est touchant de venir d'aussi loin rechercher un des siens,
vous ne trouvez pas? Priez ces personnes de patienter° quel-   be patient
10 ques minutes, mon ami.

MADAME RENAUD

Mais ces gens ne vont pas nous le reprendre avant qu'il ait
parlé, n'est-ce pas, Madame?

LA DUCHESSE

15 N'ayez crainte. L'épreuve a commencé par vous, il faudra,
qu'ils[3] le veuillent ou non, que nous la terminions régulière-
ment°. Mon petit Albert m'a promis d'être très ferme sur ce   properly
point. Mais d'un autre côté nous sommes obligés à beaucoup
de diplomatie pour éviter le moindre scandale.

20   MADAME RENAUD

Un scandale dont j'ai l'impression que vous vous exagérez le
danger, Madame.

LA DUCHESSE

Détrompez-vous°, Madame! La presse de° gauche guette°   Don't believe it / leftist / is
25 mon petit Albert, je le sais : j'ai mes espions°. Ces gens-là   watching closely / spies
vont bondir° sur cette calomnie° comme des molosses° sur   pounce on / slander / pack
une charogne°. Et cela, quel[4] que soit mon désir de voir   of dogs / carcass
Gaston entrer dans une famille adorable, je ne peux pas le
permettre. Comme vous êtes mère, je suis tante — avant tout.
30   *Elle lui serre° le bras.*   squeezes
Mais croyez que j'ai le cœur brisé° comme vous par tout[5] ce   broken
que cette épreuve peut avoir de douloureux et de torturant.

---

[3] *whether they want it or not*
[4] *however strong my desire is to see*
[5] *all the pain and torture that this ordeal may entail*

Le valet de chambre passe près d'elle avec des écureuils empaillés. Elle le[6] suit des yeux.

marvelous / (here) pelt

Mais c'est ravissant° une peau° d'écureuil! Comment[7] se fait-il qu'on n'ait jamais pensé à en faire des manteaux?

MADAME RENAUD, *ahurie.*   5

Je ne sais pas.

LE VALET DE CHAMBRE

Ça doit être trop petit.

LE MAÎTRE D'HÔTEL *qui surveille la porte.*

Attention, Monsieur a bougé!   10

LA DUCHESSE

Ne[8] nous montrons surtout pas.

Au maître d'hôtel.

Ouvrez les persiennes.

Pleine lumière dans la chambre. Gaston a ouvert les yeux. 15
Il voit quelque chose tout près de son visage. Il recule,
se[9] dresse sur son séant.

GASTON

Qu'est-ce que c'est?

Il se voit entouré de belettes, de putois, d'écureuils empaillés, 20
il[10] a les yeux exorbités, il crie :

Mais qu'est-ce que c'est que toutes ces bêtes? Qu'est-ce
qu'elles me[11] veulent?

LE MAÎTRE D'HÔTEL *s'avance.*

Elles sont empaillées, Monsieur. Ce sont les petites bêtes que 25
Monsieur s'amusait à tuer. Monsieur ne les reconnaît donc
pas?

hoarse

GASTON *crie d'une voix rauque°.*

Je n'ai jamais tué de bêtes!

rushed over

Il s'est levé, le valet s'est précipité° avec sa robe de chambre. 30
Ils passent tous deux dans la salle de bain. Mais Gaston

immediately

ressort et revient aussitôt° aux bêtes.

did he catch them

Comment les° prenait-il?

---

[6] *watches him* (lit. *follows him with her eyes*)
[7] *How does it happen*
[8] *Let's be sure not to be seen.* (lit. *Let's above all not show ourselves.*)
[9] *sits up in bed*
[10] *his eyes are almost popping out*
[11] *of me*

LE MAÎTRE D'HÔTEL

Que° Monsieur se rappelle les pièges° d'acier qu'il[12] choisissait   Let / steel traps
longuement sur le catalogue de la Manufacture d'Armes et
Cycles de Saint-Étienne... Pour certaines, Monsieur préférait
5 se servir de la glu.

GASTON

Elles n'étaient pas encore mortes quand il les trouvait?

LE MAÎTRE D'HÔTEL

Généralement pas, Monsieur. Monsieur les achevait° avec son   finished off
10 couteau de chasse. Monsieur était très adroit pour cela.

GASTON, *après un silence.*

Qu'est-ce qu'on peut faire pour des bêtes mortes?
       Il va vers elles avec un geste timide qui n'ose pas être une
       caresse, il rêve un instant.
15 Quelles caresses sur ces peaux tendues°, séchées°? J'irai jeter   stretched / dried
des noisettes° et des morceaux de pain à d'autres écureuils,   hazelnuts
tous les jours. Je défendrai°, partout où la terre m'appartiendra,   will forbid
qu'on fasse la plus légère peine° aux belettes... Mais comment   (here) harm
consolerai-je celles-ci de la longue nuit où elles[13] ont eu mal
20 et peur sans comprendre, leur patte retenue° dans cette   held
mâchoire° immobile?   jaw (of the trap)

LE MAÎTRE D'HÔTEL

Oh! il ne faut pas que Monsieur se peine° à ce point. Ce n'est   be upset
pas bien grave, des bestioles; et puis, en somme maintenant,
25 c'est passé.

GASTON *répète.*

C'est passé. Et même si j'étais assez puissant à présent pour
rendre à jamais heureuse la race des petits animaux des
bois... Vous l'avez dit: c'est passé.
30   *Il s'en va vers la salle de bain en disant:*
Pourquoi n'ai-je pas la même robe de chambre qu'hier soir?

LE MAÎTRE D'HÔTEL

Elle est également à Monsieur. Madame[14] m'a recommandé
de les faire essayer toutes à Monsieur, dans l'espoir que
35 Monsieur en reconnaîtrait une.

---

[12] *he used to pore over in the catalog*
[13] *they suffered and were afraid*
[14] *Madame (Renaud) suggested that I have you (Monsieur) try them all on*

GASTON

Qu'est-ce qu'il y a dans les poches de celle-là? Des souvenirs
encore, comme hier?

LE MAÎTRE D'HÔTEL, *le suivant.*

mothballs

Non, Monsieur. Cette fois ce sont des boules° de naphtaline. 5

hiding place

*La porte de la salle de bain s'est refermée. La duchesse et
Mme Renaud sortent de leur cachette°.*

LE MAÎTRE D'HÔTEL *a un geste avant de sortir.*

Madame a pu entendre. Je ne crois pas que Monsieur ait rien
reconnu.   10

annoyed

MADAME RENAUD, *dépitée°.*

On dirait vraiment qu'il[15] y met de la mauvaise volonté.

LA DUCHESSE

Si c'était cela, croyez que je lui parlerais très sévèrement,
mais j'ai malheureusement peur que ce ne[16] soit plus grave. 15

GEORGES, *entrant.*

Eh bien, il s'est réveillé?

LA DUCHESSE

Oui, mais notre petite conspiration n'a[17] rien donné.

MADAME RENAUD   20

painfully / remains

Il a eu l'air péniblement° surpris de voir les dépouilles° de
ces bêtes, mais c'est tout.

GEORGES

Est-ce que vous voulez me laisser un moment, je voudrais
essayer de lui parler.   25

MADAME RENAUD

Puisses-tu[18] réussir, Georges! Moi, je commence à perdre
l'espoir.

---

[15] *he is very uncooperative*
[16] The pleonastic **ne** is sometimes used in literary and careful spoken style after verbs of
fearing. Do not translate.
[17] *didn't accomplish anything*
[18] *I hope you succeed* (lit. *May you succeed*)

GEORGES *does George not want him to be Jacques*

Il ne faut pas, voyons, maman, il ne faut pas. Il faut espérer jusqu'au bout, au contraire. Espérer contre l'évidence même.

MADAME RENAUD, *un peu pincée°.*   disapprovingly

5 Son attitude est vraiment lassante°. Tu veux que je te dise?   tiresome
Il me semble qu'il[19] me fait la tête comme autrefois...

GEORGES

Mais puisqu'il ne t'a même pas reconnue...

MADAME RENAUD

10 Oh! il avait un si mauvais caractère! Amnésique ou non,
pourquoi[20] veux-tu qu'il ne l'ait plus?

LA DUCHESSE, *s'en allant avec elle.*

Je crois que vous exagérez son animosité contre vous,
Madame. En tout cas, je n'ai pas de conseil° à vous donner,   advice
15 mais je voulais vous dire que je trouve votre façon d'agir un
peu trop froide. Vous êtes mère, que[21] diable! soyez pathétique. Roulez-vous° à ses pieds, criez.   Throw yourself

MADAME RENAUD

Voir Jacques reprendre sa place ici est mon plus cher désir,
20 Madame; mais je[22] ne saurais vraiment aller jusque-là.
Surtout après ce qui s'est passé.

LA DUCHESSE

C'est dommage. Je suis sûre que cela le frapperait beaucoup.
Moi, si l'on voulait me° prendre mon petit Albert, je sens que   from me *she's very persistant*
25 je deviendrais redoutable comme une bête sauvage. Vous
ai-je raconté que, lorsqu'on[23] l'a refusé à son bachot, je me
suis pendue à la barbe du doyen de la faculté?

*Elles sont sorties. Georges a frappé pendant ce temps à la
porte de la chambre, puis il est entré, timide.*

30 GEORGES

Je peux te parler, Jacques?

---

[19] *he's pouting*
[20] *what makes you believe that he no longer has it*
[21] *for heaven's sake*
[22] *I really couldn't go that far*
[23] *when he flunked his* **baccalauréat** (state examination taken at the end of the secondary
school), *I hounded the dean of the college* (lit. *I hung on the beard...*)

La voix de Gaston, *de la salle de bain.*

plague

Qui est là, encore? J'avais demandé que personne ne vienne.
Je ne peux donc même pas me laver sans qu'on me harcèle°
de questions, sans[24] qu'on me flanque des souvenirs sous le
nez?   5

half opening

Le valet de chambre, *entrouvrant° la porte.*

Monsieur est dans son bain, Monsieur.

A Gaston invisible.

C'est Monsieur, Monsieur.

surly / more affable

La voix de Gaston, *encore bourrue°, mais radoucie°.*   10

Ah! c'est vous?

Georges, *au valet de chambre.*

Laissez-nous un instant, Victor.

Il sort. Georges se rapproche de la porte.

Je te demande pardon, Jacques... Je comprends bien, qu'à 15

tales of woe

la longue nous t'agaçons avec nos histoires°... Mais ce que
je veux te dire est important tout de même... Si cela ne
t'ennuie pas trop, je voudrais bien que tu me permettes...

La voix de Gaston, *de la salle de bain.*

piece of filth

Quelle saleté° avez-vous encore trouvée dans le passé de 20
votre frère pour[25] me la coller sur les épaules?

Georges

Mais ce n'est pas une saleté, Jacques, au contraire, ce sont
des réflexions, des réflexions que je voudrais te communiquer,
si tu le permets.   25

Il hésite une seconde et commence.

Tu comprends, sous prétexte qu'on est un honnête homme,
qu'on l'a toujours été, qu'on n'a jamais rien fait de mal (ce
qui est bien facile après tout pour certains), on se croit tout
permis... On parle aux autres du haut de sa sérénité... On 30
fait des reproches, on se plaint...

Il demande brusquement.

Tu ne m'en veux pas d'hier?

*La réponse vient, bourrue comme l'autre, et comme à regret,
en retard d'une seconde.*   35

---

[24] *without someone shoving memories down my throat*
[25] *to burden me with* (lit. *to glue it on my shoulders*)

La voix de Gaston

De quoi?

Georges

Mais de tout ce que je t'ai raconté en exagérant, en[26] me
5 posant en victime. De cette sorte de chantage° que je t'ai   blackmail
fais avec ma pauvre histoire...

> *On entend un bruit dans la salle de bain. Georges, épouvanté,*
> *se lève.*

Attends, attends, ne sors pas tout de suite de la salle de bain,
10 laisse-moi finir, j'aime mieux. Si je t'ai devant moi, je[27] vais
reprendre mon air de frère, et je n'en sortirai plus... Tu
comprends, Jacques, j'ai bien réfléchi cette° nuit; ce qui s'est   last night
passé a été horrible, bien sûr, mais tu étais un enfant et elle
aussi, n'est-ce pas? Et puis, à Dinard, avant notre mariage,
15 c'était plutôt avec toi qu'elle avait envie de se promener,
vous vous aimiez peut-être avant, tous les deux, comme[28]
deux pauvres gosses qui ne peuvent rien... Je suis arrivé
entre vous avec[29] mes gros sabots, ma situation°, mon âge...   position
J'ai[30] joué les fiancés sérieux... sa tante a dû la pousser à
20 accepter ma demande... Enfin ce que j'ai pensé cette nuit,
c'est que je n'avais pas le droit de te les faire, ces reproches,
et que je les retire° tous. Là°.   take back / There you are!

> *Il tombe assis, il n'en peut plus. Gaston est sorti de la salle*
> *de bain, il va doucement à lui en lui posant la main sur*
> 25 *l'épaule.*

Gaston

Comment avez-vous pu aimer à ce point cette petite fripouille°,   "creep"
cette petite brute?

Georges

30 Que voulez-vous? c'était mon frère.

Gaston

Il n'a rien fait comme un frère. Il vous a volé, il vous a
trompé... Vous auriez haï° votre meilleur ami s'il avait agi   hated
de la sorte.

---

[26] *portraying myself as a victim*
[27] *I'll resume my rôle as a brother and I won't be able to step out of it any more...*
[28] *like two poor kids who can't help themselves*
[29] *clumsily* (lit. *with my big wooden shoes*)
[30] *I played the serious-minded suitor...*

GEORGES

Un ami, ce n'est pas pareil, c'était mon frère...

GASTON

Et puis comment pouvez-vous souhaiter de le voir revenir, même vieilli°, même changé, entre votre femme et vous ?   5

GEORGES, simplement.

Qu'est-ce que tu veux, même si c'était un assassin, il fait partie de la famille, sa place est dans la famille.

GASTON répète, après un temps.

Il fait partie de la famille, sa place est dans la famille. Comme 10 c'est simple !

Il dit pour° lui.

Il se croyait bon, il[31] ne l'est pas; honnête, il ne l'est guère. Seul au monde et libre, en° dépit des murs de l'asile — le monde est peuplé d'êtres auxquels il a donné des gages° et 15 qui l'attendent — et ses plus humbles gestes ne peuvent être que des prolongements de gestes anciens. Comme c'est simple !

Il prend Georges par le bras brutalement.

Pourquoi êtes-vous venu me raconter votre histoire par- 20 dessus[32] le marché ? Pourquoi êtes-vous venu me jeter votre affection au visage ? Pour que ce soit plus simple encore, sans doute ?

Il est tombé assis sur son lit, étrangement las.

Vous avez gagné.   25

GEORGES, éperdu°.

Mais, Jacques, je ne comprends pas tes reproches... Je suis venu te dire cela péniblement°, crois-moi, pour te faire un peu chaud, au contraire, dans la solitude que tu as dû découvrir depuis hier autour de toi.   30

GASTON

Cette solitude n'était pas ma pire° ennemie...

GEORGES

Tu[33] as peut-être surpris des regards de domestiques, une

---

aged

to himself

in spite of

pledges

bewildered

reluctantly

worst

[31] *he isn't* (**l'** refers to **bon** and is not translatable)
[32] *in the bargain*
[33] *Perhaps you noticed from the glances of the servants a constraint around you.*

gêne autour de toi. Il ne faut pas que tu croies quand même que personne ne t'aimait... Maman...

> *Gaston le regarde, il se trouble.*

Et puis, enfin, surtout, moi, je t'aimais bien.

5   GASTON

A part vous?

                GEORGES

Mais...

> *Il est gêné.*

10 Qu'est-ce que tu veux... Valentine sans° doute.   probably

                GASTON

Elle a été amoureuse de moi, ce n'est pas la même chose... Il n'y a que vous.

            GEORGES *baisse la tête.*

15 Peut-être, oui.

                GASTON

Pourquoi? Je ne peux pas arriver à comprendre pourquoi.

            GEORGES, *doucement.*

Vous n'avez jamais rêvé d'un ami qui aurait été d'abord un
20 petit garçon que vous auriez promené par la main? Vous qui
aimez l'amitié, songez quelle aubaine° cela peut être pour elle   windfall
un ami assez neuf° pour qu'il doive tenir° de vous le secret des   innocent / (here) learn, get
premières lettres de l'alphabet, des premiers coups de pédale
à bicyclette, des premières brasses° dans l'eau. Un ami assez   strokes
25 fragile pour qu'il ait tout le temps besoin de vous pour le
défendre...

           GASTON, *après un temps.*

J'étais tout petit quand votre père est mort?

                GEORGES

30 Tu avais deux ans.

                GASTON

Et vous?

                GEORGES

Quatorze... Il a bien fallu que je m'occupe de toi. Tu étais
35 si petit.

> *Un temps, il lui dit sa vraie excuse.*

harshness

awkwardness

pride / were struggling

gas mask / knapsacks

beyond

painfully

demand

clean / trenches

Tu as toujours été si petit pour tout. Pour l'argent que nous t'avons donné trop tôt comme des imbéciles, pour la dureté° de maman, pour ma faiblesse à moi aussi, pour ma maladresse°. Cet orgueil°, cette violence contre lesquels tu te débattais° déjà à deux ans, c'étaient des monstres dont tu étais innocent 5 et dont c'était à nous de te sauver. Non seulement nous n'avons pas su le faire, mais encore nous t'avons accusé; nous t'avons laissé partir tout seul pour le front... Avec ton fusil, ton sac, ta boîte° à masque, tes deux musettes°, tu devais être un si petit soldat sur le quai de la gare!   10

GASTON *hausse les épaules.*

J'imagine que ceux qui avaient de grosses moustaches et l'air terrible étaient de tout petits soldats, eux aussi, à qui on allait demander quelque chose au-dessus° de leurs forces...

GEORGES *crie presque douloureusement°.*   15

Oui, mais toi, tu avais dix-huit ans! Et après les langues[34] mortes et la vie décorative des conquérants, la première chose que les hommes allaient exiger° de toi, c'était de nettoyer° des tranchées° avec un couteau de cuisine.

GASTON *a un rire qui sonne faux.*   20

Et après? Donner[35] la mort, cela me paraît pour un jeune homme une excellente prise de contact avec la vie.

LE MAÎTRE D'HÔTEL *paraît.*

Madame la duchesse prie Monsieur de bien vouloir venir la rejoindre au grand salon dès que Monsieur sera prêt.   25

GEORGES *s'est levé.*

Je vous laisse. Mais, s'il vous plaît, malgré tout ce qu'on a pu vous dire, ne le détestez pas trop, ce Jacques... Je crois que c'était surtout un[36] pauvre petit.

Il sort. Le maître d'hôtel est resté avec Gaston et l'aide à 30 *s'habiller.*

GASTON *lui demande brusquement.*

Maître d'hôtel?

---

[34] *classical (dead) languages*
[35] *Deal out death*
[36] *an unfortunate little fellow*

LE MAÎTRE D'HÔTEL

Monsieur?

GASTON

Vous n'avez jamais tué quelqu'un?

5   LE MAÎTRE D'HÔTEL

Monsieur veut sans doute plaisanter. Monsieur pense bien
que si j'avais tué quelqu'un je ne serais plus au service de
Madame.

GASTON

10 Même pendant la guerre? Un brusque tête-à-tête° en sautant   encounter
dans un abri° pendant la seconde vague° d'assaut?   shelter / wave

LE MAÎTRE D'HÔTEL

J'ai[37] fait la guerre comme caporal d'habillement, et je dois
dire à Monsieur que dans l'intendance° nous avions assez peu   commissary
15 d'occasions.

GASTON, *immobile, tout pâle et très doucement.*

Vous avez de la chance, maître d'hôtel. Parce que c'est une
épouvantable sensation d'être en train de tuer quelqu'un
pour vivre.

20   LE MAÎTRE D'HÔTEL *se demande s'il doit rire ou non.*

Monsieur le dit bien, épouvantable! Surtout pour la victime.

GASTON

Vous vous trompez, maître d'hôtel. Tout est affaire d'imagination. Et la victime a souvent beaucoup moins d'imagination
25 que l'assassin.
                                  Un temps.

Parfois, elle n'est même qu'une ombre dans un songe° de   dream
l'assassin.

LE MAÎTRE D'HÔTEL

30 Dans ce cas, je comprends qu'elle souffre peu, Monsieur.

GASTON

Mais l'assassin, lui, en revanche, a le privilège des deux
souffrances. Vous aimez vivre, maître d'hôtel?

---

[37] *I served in the war as a quartermaster*

LE MAÎTRE D'HÔTEL

Comme[38] tout un chacun, Monsieur.

GASTON

Imaginez que, pour vivre, il[39] vous faille plonger à jamais dans
le néant un jeune homme. Un jeune homme de dix-huit ans... 5
Un[40] petit orgueilleux, une petite fripouille, mais tout de
même... un pauvre petit. Vous serez libre, maître d'hôtel,
l'homme le plus libre du monde, mais, pour être libre, il vous
faut laisser ce petit cadavre innocent derrière vous. Qu'allez-
vous faire ?   10

LE MAÎTRE D'HÔTEL

J'avoue à Monsieur que je ne me suis pas posé la question.
Mais je dois dire également que, si[41] j'en crois les romans
policiers, il ne faut jamais laisser le cadavre derrière soi.

GASTON *éclate soudain de rire.*   15

besides

Mais si personne — hors° l'assassin — ne peut voir le cadavre ?
Il va à lui et gentiment.
Tenez, maître d'hôtel. C'est fait. Il est là à vos pieds. Le
voyez-vous ?

runs off

Le maître d'hôtel regarde ses pieds, fait[42] un saut de côté, 20
regarde autour de lui et se sauve°, épouvanté, aussi vite
que sa dignité le permet. Valentine paraît rapidement dans
le couloir. Elle court à la chambre.

VALENTINE

Que me dit Georges ? Tu ne leur as rien dit encore ? Je n'ai 25
pas voulu entrer la première dans ta chambre ce matin, mais
je croyais qu'ils allaient m'appeler avec une bonne nouvelle.
Pourquoi ne leur as-tu pas dit ?
Gaston la regarde sans rien dire.
Mais enfin, ne me fais pas devenir folle ! Cette cicatrice, tu 30
l'as vue hier, j'en suis sûre, dans une glace ?

GASTON, *doucement, sans cesser de la regarder.*

Je n'ai vu aucune cicatrice.

---

[38] *Like everybody else*
[39] *you had to hurl a young man into oblivion forever*
[40] *An arrogant little whippersnapper, a little "creep"*
[41] *if I can depend on what I find in detective stories*
[42] *jumps aside*

VALENTINE

Qu'est-ce que tu dis?

GASTON

Je dis que j'ai regardé très attentivement mon dos et que je
5 n'ai vu aucune cicatrice. Vous avez dû vous tromper.

VALENTINE *le regarde un instant, abasourdie, puis
comprend et crie soudain.*

Oh! je te déteste! Je te déteste!...

GASTON, *très calme.*

10 Je crois que cela vaut mieux.

VALENTINE

Mais est-ce que tu te rends compte seulement de ce que tu
es en train de faire?

GASTON

15 Oui. Je suis en train de refuser° mon passé et ses personnages   (here) reject
— moi compris°. Vous êtes peut-être ma famille, mes amours,   included
ma véridique° histoire. Oui, mais seulement, voilà... vous   true
ne me plaisez pas. Je vous refuse.

VALENTINE

20 Mais tu es fou! Mais tu es un monstre! On ne peut pas
refuser son passé. On ne peut pas se refuser soi-même...

GASTON

Je suis sans doute le seul homme, c'est vrai, auquel le destin
aura[43] donné la possibilité d'accomplir ce rêve de chacun...
25 Je suis un homme et je peux être, si je veux, aussi neuf° qu'un   (here) innocent
enfant! C'est un privilège dont il serait criminel de ne pas
user°. Je vous refuse. Je n'ai déjà depuis hier que trop de   take advantage of
choses à oublier sur[44] mon compte.

VALENTINE

30 Et mon amour, à moi, qu'est-ce que tu en° fais? Lui non plus,   with it
sans doute, tu n'as pas la curiosité de le connaître?

[43] *has given*
[44] *about myself*

GASTON

Je ne vois de lui, en ce moment, que la haine de vos yeux…
C'est sans doute un visage° de l'amour dont seul un amnésique
peut s'étonner! En tout cas, il est bien commode. Je ne veux
pas en[45] voir un autre. Je suis un amant qui ne connaît pas 5
l'amour de sa maîtresse — un amant qui ne se souvient pas
du premier baiser, de la première larme — un amant qui
n'est le prisonnier d'aucun souvenir, qui aura tout oublié
demain. Cela aussi, c'est une aubaine assez rare… J'en profite.

VALENTINE   10

Et[46] si j'allais le crier, moi, partout, que je reconnais cette
cicatrice?

GASTON

J'ai envisagé cette hypothèse. Au point de vue amour: je
crois que l'ancienne Valentine l'aurait déjà fait depuis long- 15
temps et que c'est un signe assez consolant que vous soyez
devenue prudente… Au point de vue légal : vous êtes ma
belle-sœur, vous vous prétendez ma maîtresse… Quel
tribunal accepterait de prendre une décision aussi grave sur
ce louche[47] imbroglio d'alcôve dont vous seule pouvez parler? 20

VALENTINE, *pâle, les dents serrées°.*

C'est bien. Tu peux être fier. Mais ne crois pas que tout[48] ton
fatras d'amnésie mis à part, ta conduite soit bien surprenante
pour un homme… Je suis même sûre qu'au fond tu dois être
assez faraud° de ton geste. C'est tellement flatteur de refuser 25
une femme qui vous a attendu si longtemps! Eh bien, je te
demande pardon de la peine que je vais te faire, mais, tu
sais… j'ai tout de même eu d'autres amants depuis la guerre.

GASTON *sourit.*

Je vous remercie. Ce n'est pas une peine…   30

*Dans le couloir paraissent le maître d'hôtel et le valet de
chambre. A[49] leur mimique, on comprend qu'ils ont pensé
qu'il valait mieux être deux pour aborder° Gaston.*

---

[45] *see another one of it* (i.e., another aspect of love)
[46] *And what if I were to shout*
[47] *shady bedroom intrigue*
[48] *all this rubbish about amnesia aside*
[49] *From their facial expressions*

Le valet de chambre, *du seuil.*

Madame la duchesse Dupont-Dufort me prie de[50] dire à Monsieur qu'il se dépêche et qu'il veuille bien la rejoindre au plus tôt au grand salon parce que les familles de Monsieur
5 s'impatientent.
> *Gaston n'a pas bougé, les domestiques disparaissent.*

Valentine *éclate de rire.*

Tes familles, Jacques! Ah! c'est bête, j'ai envie de rire...
Parce qu'il y a une chose que tu oublies : c'est que, si tu
10 refuses de venir avec nous, il va falloir que tu ailles avec elles de[1] gré ou de force. Tu vas devoir aller coucher dans les draps de leur[2] mort, endosser les gilets° de flanelle de leur   vests
mort, ses vieilles pantoufles° pieusement gardées°... Tes   slippers / kept
familles s'impatientent... Allons, viens, toi qui as si peur de
15 ton passé, viens voir ces[3] têtes de petits bourgeois et de paysans, viens te demander quels[4] passés de calculs et d'avarice ils ont à te proposer.

Gaston

Il leur serait difficile de faire mieux que vous, en tout cas.

20   Valentine

Tu crois? Ces cinq cent mille francs escroqués° et dépensés[5]   swindled
en rires et en fêtes te paraîtront peut-être bien légers° à côté   (here) unimportant
de certaines histoires de mur[6] mitoyen et de[7] bas de laine...
Allons, viens, puisque tu ne nous veux pas, tu[8] te dois à tes
25 autres familles maintenant.
> *Elle veut l'entraîner°, il résiste.*   drag him off

Gaston

Non, je n'irai pas.

Valentine

30 Ah? Et que vas-tu faire?

---

[50] *to tell you (Monsieur) to hurry and to be so kind as to join her as soon as possible*
[1] *whether you want to or not* (lit. *willingly or by force*)
[2] *their dead one* (i.e., the missing person in their family)
[3] *these ugly little bourgeois and peasant faces*
[4] *what calculating and miserly pasts*
[5] *spent laughing and having a good time*
[6] *common walls* (i.e., walls between two apartments)
[7] *woolen stockings* (where peasants sometimes hide their money)
[8] *you owe yourself*

GASTON

M'en aller.

VALENTINE

Où?

GASTON   5

Quelle question! N'importe où.

VALENTINE

C'est un mot d'amnésique. Nous autres, qui avons notre
mémoire, nous savons qu'on est toujours obligé de choisir
une direction dans les gares et qu'on ne va jamais plus loin 10
que le prix de son billet... Tu as à choisir entre la direction de
Blois et celle d'Orléans. C'est te dire que si tu avais de l'argent
le monde s'ouvrirait devant toi! Mais tu n'as pas un sou en
poche, qu'est-ce que tu vas faire?

GASTON   15

Thwart   Déjouer° vos calculs. Partir à pied, à travers champs, dans
la direction de Châteaudun.

VALENTINE

Tu te sens donc si libre depuis que tu t'es débarrassé de nous?
Mais pour les gendarmes tu n'es qu'un fou échappé d'un asile. 20
On t'arrêtera.

GASTON

Je serai loin. Je marche très vite.

VALENTINE *lui crie en face.*

Crois-tu que je ne donnerais pas l'alarme si tu faisais un pas 25
hors de cette chambre?
Il est allé soudain à la fenêtre.
Tu es ridicule, la fenêtre est trop haute et ce n'est pas une
solution.

hunted   *Il s'est retourné vers elle comme une bête traquée°. Elle le* 30
regarde et lui dit doucement.

Tu te débarrasseras peut-être de nous, mais pas de l'habitude
de⁹ faire passer tes pensées une à une dans tes yeux... Non.

---

⁹ *to reveal your thoughts one by one in your eyes*

Jacques, même si tu me tuais pour[10] gagner une heure de
fuite, tu serais pris.

> *Il a baissé la tête, acculé° dans un coin de la chambre.*   at bay

Et puis, tu sais bien que ce n'est pas seulement moi qui te
5 traque et veux te garder. Mais toutes les femmes, tous les
hommes... Jusqu'aux[11] morts bien pensants qui sentent
obscurément que tu es en train d'essayer[12] de leur brûler la
politesse... On n'échappe pas à tant de monde°, Jacques. Et,   people
que° tu le veuilles ou non, il faudra que tu appartiennes à   whether
10 quelqu'un ou que tu retournes dans ton asile.

GASTON, sourdement.

Eh bien, je retournerai dans mon asile.

VALENTINE

Tu oublies que j'y ai été lingère tout un jour, dans ton asile!
15 que je t'y ai vu bêchant° bucoliquement° les salades peut-être,   hoeing / in a rustic manner
mais aussi aidant à vider° les pots, à faire la vaisselle; bousculé°   empty / pushed around
par les infirmiers° auxquels tu quémandais° une pincée° de   male nurses / used to beg / pinch
tabac pour ta pipe... Tu fais[13] le fier avec nous; tu[14] nous
parles mal, tu nous railles°, mais sans nous tu n'es qu'un petit   make fun of
20 garçon impuissant qui n'a pas le droit de sortir seul et qui
doit se cacher dans les cabinets° pour fumer.   toilets

GASTON a un geste quand elle a fini.

Allez-vous-en, maintenant. Il ne me reste pas le plus petit
espoir : vous avez joué votre rôle.

25   *Elle est sortie sans un mot. Gaston reste seul, jette un regard*
lassé° dans sa chambre; il s'arrête devant son armoire[15] à   weary
glace, se regarde longtemps. Soudain, il prend un objet
sur° la table, près de lui, sans[16] quitter son image des yeux,   from
et il le lance à[17] toute volée dans la glace qui s'écroule° en   shatters
30   *morceaux. Puis il s'en va s'asseoir sur son lit, la tête dans*
ses mains. Un silence, puis doucement la musique com-

---

[10] *to get a head start* (lit. *to gain one hour of flight*)
[11] *Even the right-thinking dead*
[12] *trying to sneak off*
[13] *act proud*
[14] *you talk back to us*
[15] *mirror wardrobe* (i.e., a large clothes cupboard with a mirror on the door; the French do not normally have built-in clothes closets)
[16] *without taking his eyes off his reflection*
[17] *with all his strength*

mence, assez triste d'abord, puis peu à peu, malgré Gaston,

lively

malgré nous, plus allègre°. Au bout d'un moment, un petit
garçon habillé en[18] *collégien d'Eton ouvre la porte de*

furtive

l'antichambre, jette un coup d'œil fureteur°, puis referme
soigneusement la porte et s'aventure dans le couloir sur la 5
pointe des pieds. Il ouvre toutes les portes qu'il trouve sur
son passage et jette un coup d'œil interrogateur à l'intérieur

(here) behavior

des pièces. Arrivé à la porte de la chambre, même jeu°.
Il se trouve devant Gaston, qui lève la tête, étonné par
cette apparition. 10

LE PETIT GARÇON

Je vous demande pardon, Monsieur. Mais vous pourrez

give me information

peut-être me° renseigner. Je cherche le[19] petit endroit.

GASTON, *qui sort d'un rêve.*

Le petit endroit? Quel petit endroit? 15

LE PETIT GARÇON

Le petit endroit où on est tranquille.

GASTON *comprend, le regarde, puis soudain éclate*
d'un bon rire, malgré lui.

Imagine

Comme[20] cela se trouve!... Figurez-vous° que, moi aussi, je 20
le cherche en ce moment le petit endroit où on est tranquille...

LE PETIT GARÇON

Je me demande bien alors à qui nous allons pouvoir le
demander.

GASTON *rit encore.* 25

Je me le demande aussi.

LE PETIT GARÇON

En tout cas, si vous restez là, vous n'avez vraiment pas
beaucoup de chances de le trouver.

Il aperçoit les débris de la glace. 30

Oh, my, my, my!

Oh°! là là. C'est vous qui avez cassé la glace?

---

[18] *in an Eton uniform*
[19] French euphemism for "toilet".
[20] *What a coincidence!*

GASTON

Oui, c'est moi.

LE PETIT GARÇON

Je comprends alors que vous soyez très ennuyé. Mais croyez-
5 moi, vous feriez mieux de le dire carrément°. Vous êtes un   frankly
Monsieur, on ne peut pas vous faire grand-chose. Mais, vous
savez, on dit que cela porte malheur°.   bad luck

GASTON

On le dit, oui.

10   #### LE PETIT GARÇON, *s'en allant.*

Je m'en vais voir dans les couloirs si je rencontre un domestique... Dès qu'il m'aura donné le renseignement°, je reviendrai   information
vous expliquer où il se trouve...

Gaston le regarde.

15 ... le petit endroit que nous cherchons tous les deux.

GASTON *sourit et le rappelle°.*   calls back

Écoutez, écoutez... Votre petit endroit où on est tranquille,
à vous, est beaucoup plus facile à trouver que le mien. Vous
en avez un là, dans la salle de bain.

20   #### LE PETIT GARÇON

Je vous remercie beaucoup, Monsieur.

Il entre dans la salle de bain, la musique a repris° son petit   resumed
thème moqueur. Le petit garçon revient au bout de quelques
secondes. Gaston n'a pas bougé.

25 Maintenant, il faut que je retourne au salon. C'est par là?

GASTON

Oui, c'est par là. Vous êtes avec les familles?

LE PETIT GARÇON

Oui. C'est plein de gens de tout acabit° qui viennent pour   sort
30 essayer de reconnaître un amnésique de la guerre. Moi aussi,
je viens pour cela. Nous avons fait précipitamment° le   in great haste
voyage en avion, parce qu'il paraît qu'il y a une[21] manœuvre
sous roche. Enfin moi, vous savez, je n'ai pas très bien
compris. Il faudra en parler à l'oncle Job. Vous avez déjà été
35 en avion?

---

[21] *some funny business going on*

GASTON

De quelle famille faites-vous partie?

LE PETIT GARÇON

Madensale.

GASTON

5

Madensale... Ah! oui... Madensale, les Anglais... Je vois le
dossier, très bien. Degré[22] de parenté : oncle... C'est même
moi qui ai recopié l'étiquette°. Il y a un oncle sans doute chez
les Madensale.

LE PETIT GARÇON

10

Oui, Monsieur...

GASTON

L'oncle Job, c'est vrai. Eh bien, vous direz à l'oncle Job que,
si j'ai un conseil° à lui donner, c'est de ne pas avoir trop
d'espoir au sujet de son neveu.

15

LE PETIT GARÇON

Pourquoi me dites-vous cela, Monsieur?

GASTON

Parce qu'il y a beaucoup de chances pour que le neveu en
question ne reconnaisse jamais l'oncle Job.

20

LE PETIT GARÇON

Mais il n'y a aucune raison pour qu'il le reconnaisse, Monsieur.
Ce n'est pas l'oncle Job qui recherche son neveu.

GASTON

Ah! il y a un autre oncle Madensale?

25

LE PETIT GARÇON

Bien sûr, Monsieur. Et c'est même un peu drôle, au fond...
L'oncle Madensale, c'est moi.

GASTON, *ahuri.*

Comment c'est vous? Vous voulez dire votre père?

30

[22] *exact relationship*

LE PETIT GARÇON

Non, non. Moi-même. C'est même très ennuyeux, vous le
pensez bien, pour un petit garçon d'être l'oncle d'une grande°   grown-up
personne. J'ai mis longtemps à comprendre d'ailleurs et à
5 m'en convaincre. Mais mon grand-père a eu des enfants très
tard, alors voilà, cela s'est fait comme cela. Je suis né vingt-six
ans après mon neveu.

GASTON *éclate franchement° de rire et l'attire sur ses*   (here) openly
genoux.

10 Alors c'est vous l'oncle Madensale?

LE PETIT GARÇON

Oui, c'est moi. Mais il ne faut pas trop se moquer, je n'y
peux rien.

GASTON

15 Mais, alors, cet oncle Job dont vous parliez...

LE PETIT GARÇON

Oh! c'est un ancien ami de papa qui est mon avocat pour
toutes [23] mes histoires de succession. Alors n'est-ce pas,
comme cela m'est tout de même difficile de l'appeler cher
20 Maître [24], je l'appelle oncle Job.

GASTON

Mais comment se fait-il que vous soyez seul à représenter
les Madensale?

LE PETIT GARÇON

25 C'est [25] à la suite d'une épouvantable catastrophe. Vous avez
peut-être entendu parler du naufrage° du «Neptunia»?   shipwreck

GASTON

Oui. Il y a longtemps.

LE PETIT GARÇON

30 Eh bien, toute [26] ma famille était partie dessus en croisière.

Gaston le regarde, émerveillé°.   amazed

---

[23] *all my inheritance problems*
[24] **Maître** is the title used in addressing a lawyer.
[25] *It is the result of*
[26] *my entire family had left on a cruise on it*

GASTON

Alors tous vos parents sont morts?

LE PETIT GARÇON, *gentiment.*

Oh! mais, vous savez, il ne faut pas me regarder comme cela. Ce n'est pas tellement triste. J'étais encore un très 5 petit baby à l'époque de la catastrophe... A vrai dire je ne m'en suis même pas aperçu.

GASTON *l'a posé par terre, il le considère, puis lui tape sur l'épaule.*

Petit oncle Madensale, vous êtes un grand personnage sans 10 le savoir!

LE PETIT GARÇON

Je joue déjà très bien au cricket, vous savez. Vous jouez, vous?

GASTON   15

Ce que je ne comprends pas, c'est pourquoi l'oncle Job vient du[27] fond de l'Angleterre chercher un neveu pour son petit client. Un neveu qui va plutôt lui compliquer son affaire, j'imagine.

LE PETIT GARÇON   20

Oh! c'est parce que vous n'êtes pas au courant des successions. C'est très compliqué, mais je crois comprendre que si nous ne le retrouvons pas, notre neveu, la plus grande partie de mon argent nous[28] passe sous le nez. Cela m'ennuie beaucoup parce que, parmi les héritages en question, il y a une très 25 belle maison dans le Sussex avec des poneys superbes... Vous aimez monter à cheval?

GASTON, *soudain rêveur.*

Alors l'oncle Job doit avoir une bien grande envie de retrouver votre neveu?   30

LE PETIT GARÇON

Vous pensez! Pour moi... et pour lui. Parce qu'il ne me l'a pas avoué, mais ma gouvernante m'a dit qu'il[29] avait un pourcentage sur toutes mes affaires.

---

[27] *all the way from*
[28] *will slip away under our nose*
[29] *he got a percentage on everything I own*

GASTON

Ah! bon. Et quel genre d'homme est-ce, cet oncle Job?

LE PETIT GARÇON, *les yeux bien clairs.*

Un Monsieur plutôt rond, avec des cheveux blancs...

5 GASTON

Non, ce n'est pas cela que je veux dire. C'est d'ailleurs un renseignement que vous ne pouvez pas me donner. Où est-il en ce moment?

LE PETIT GARÇON

10 Il fume sa pipe dans le jardin. Il n'a pas voulu rester avec les autres à attendre dans le salon.

GASTON

Bon. Vous pouvez me conduire auprès de lui?

LE PETIT GARÇON

15 Si vous voulez.

GASTON *sonne. Au valet de chambre qui entre.*

Voulez-vous prévenir Madame la duchesse Dupont-Dufort que j'ai une communication° capitale°, vous[30] entendez bien: capitale, à lui faire. Qu'elle[31] veuille bien avoir l'obli-20 geance de venir ici.

message / very important

LE VALET DE CHAMBRE

Une communication capitale. Bien, Monsieur peut compter sur moi.

Il sort, très surexcité°, en murmurant. highly excited

25 Capitale.

GASTON *entraîne le petit garçon vers la porte opposée.*

Passons par là.

Arrivé à la porte, il s'arrête et lui demande.

Dites donc, vous êtes bien sûr qu'ils sont tous morts dans 30 votre famille?

---

[30] *you understand, don't you*
[31] *Would she be good enough to come here.*

LE PETIT GARÇON

Tous. Mêmes les amis intimes qu'on avait invités au[32] grand complet à cette croisière.

GASTON

C'est parfait.   5

in a teasing tone

Il le fait passer devant lui et sort. La musique reprend, moqueuse°. La scène reste vide un instant, puis la duchesse entre, suivie du valet de chambre.

LA DUCHESSE

Comment, il veut me voir? Mais il sait pourtant que je 10 l'attends moi-même depuis un quart d'heure. Une communication, vous a-t-il dit?

LE VALET DE CHAMBRE

Capitale.

LA DUCHESSE, *dans la chambre vide.*   15

Eh bien, où est-il?

solemnly

Gaston, suivi de l'oncle Job et du petit garçon, entre solennellement° dans la chambre. Tremolo à l'orchestre ou quelque chose comme ça.

GASTON   20

Madame la duchesse, je vous présente maître Picwick, solicitor de la famille Madensale, dont[33] voici l'unique représentant. Maître Picwick vient de m'apprendre une chose extrêmement troublante : il prétend que le neveu de son client possédait, à

slight

deux centimètres sous l'omoplate gauche, une légère° cicatrice 25 qui n'était connue de personne. C'est une lettre, retrouvée par hasard dans un livre, qui[34] lui en a dernièrement fait savoir l'existence.

PICWICK

Lettre que je tiens d'ailleurs à la disposition des autorités 30 de l'asile, Madame, dès[35] mon retour en Angleterre.

---

[32] *without forgetting a single one*
[33] *of which here is the only surviving member* (i.e., the little boy)
[34] *which recently made him aware of its* (the scar's) *existence*
[35] *immediately upon my return to*

LA DUCHESSE

Mais enfin cette cicatrice, Gaston, vous ne l'avez jamais vue?
Personne ne l'a jamais vue, n'est-ce pas?

GASTON

5 Personne.

PICWICK

Mais elle est si petite, Madame, que j'ai pensé qu'elle avait
pu passer jusqu'ici inaperçue°.   unnoticed

GASTON, *sortant° sa veste.*   taking off

10 L'expérience° est simple. Voulez-vous regarder?   experiment

Il tire° sa chemise, la duchesse prend son face-à-main°,   takes off / lorgnette
maître Picwick ses grosses lunettes. Tout en leur présentant
son dos, il se penche vers le petit garçon.

LE PETIT GARÇON

15 Vous[36] l'avez, au moins, cette cicatrice? Je serais désolé que
ce ne soit pas vous.

GASTON

N'ayez crainte. C'est moi… Alors, c'est vrai que vous ne vous
rappelez rien de votre famille… Même pas un visage? même
20 pas une petite histoire?

LE PETIT GARÇON

Aucune histoire. Mais si cela vous ennuie, peut-être que je
pourrais tâcher de me renseigner°.   find out

GASTON

20 N'en[37] faites rien.

LA DUCHESSE, *qui lui regardait le dos, crie soudain.*

La voilà! La voilà! Ah! mon Dieu, la voilà!

PICWICK, *qui cherchait aussi.*

C'est exact, la voilà!

30   LA DUCHESSE

Ah! embrassez-moi, Gaston… Il faut que vous m'embrassiez,
c'est une aventure merveilleuse!

---

[36] *That scar really is there, isn't it?*
[37] *Don't bother.* (lit. *Don't do anything about it.*)

PICWICK, *sans rire.*

unexpected   Et tellement inattendue°...

LA DUCHESSE *tombe, assise.*

frightening / faint   C'est effrayant°, je vais peut-être m'évanouir°!

helping her up   <center>GASTON, *la° relevant, avec un sourire.*   5</center>

Je ne le crois pas.

LA DUCHESSE

Moi non plus! Je vais plutôt téléphoner à Pont-au-Bronc. Mais dites-moi, monsieur Madensale, il y a une chose que je voudrais tant savoir : au dernier abcès de fixation, mon petit 10 Albert vous a fait dire «Foutriquet» dans votre délire. Est-ce links   un mot qui vous rattache° maintenant à votre ancienne vie?...

GASTON

sh...sh   Chut°! Ne le répétez à personne. C'est lui[38] que j'appelais 15 ainsi.

LA DUCHESSE, *horrifiée.*

Oh! mon petit Albert!

changes her mind   <center>*Elle hésite un instant, puis se ravise°.*</center>
Mais cela ne fait rien, je vous pardonne...   20

simpering   <center>*Elle s'est tournée vers Picwick, minaudante°.*</center>
Je comprends maintenant que c'était l'humour anglais.

PICWICK

Lui-même!

LA DUCHESSE, *qui y pense soudain.*   25

Mais, pour ces Renaud, quel coup épouvantable! Comment leur annoncer cela?

joyfully   <center>GASTON, *allégrement°.*</center>

Je[39] vous en charge! J'aurai quitté cette maison dans cinq minutes sans les revoir.   30

LA DUCHESSE

(here) message   Vous n'avez même pas une commission° pour eux?

---

[38] **lui** = Albert
[39] *I'm leaving it up to you!*

GASTON

Non. Pas de commission. Si, pourtant...

Il hésite.

... Vous direz à Georges Renaud que l'ombre[40] légère de son
5 frère dort sûrement quelque part dans une fosse[41] commune
en Allemagne. Qu'il[42] n'a jamais été qu'un enfant digne° de   worthy
tous les pardons, un enfant qu'il peut aimer sans crainte,
maintenant, de jamais rien lire de laid° sur son visage   ugly
d'homme. Voilà! Et maintenant...

10   *Il ouvre la porte toute° grande, leur montre gentiment le*   wide open
chemin. Il tient le petit garçon contre lui.

Laissez-moi seul avec ma famille. Il faut que nous confron-
tions nos souvenirs...

Musique triomphante. La duchesse sort avec maître Picwick.

FIN

---

[40] *pale shadow*
[41] *common grave*
[42] *That he has never been anything except*

Questions
and
Exercises

Questions

PREMIER TABLEAU

Page

3   1. Où a lieu le premier tableau?   2. Qui vient d'arriver chez les Renaud?
3. Le nom de Gaston est-il permanent?

4   4. A part les Renaud, combien de familles réclament Gaston comme fils?
5. Pendant que la Duchesse parle de lui, qu'est-ce que Gaston commence à
regarder?

5   6. Pourquoi Gaston doit-il être ému en ce moment?

6   7. On parle d'un amnésique. Qu'est-ce que c'est?   8. Depuis quand dure
l'amnésie de Gaston?

7   9. En général, que représente le soldat inconnu?   10. Anouilh dit que
Gaston est le soldat inconnu vivant. Que veut-il dire par cela?

8   11. Qu'est-ce qu'Huspar pense de Gaston? 12. Qui s'occupait de Gaston à
l'asile?

9   13. Quel mot Gaston a-t-il dit dans son délire?   14. Comment la Duchesse
a-t-elle interprété le mot "foutriquet"?

10   15. Quelle sorte de profession est-ce que la Duchesse imagine pour Gaston?
16. Pourquoi la Duchesse voulait-elle que Gaston soit bien habillé?

11   17. Qu'est-ce qu'une confrontation à domicile?   18. Pourquoi Albert
n'a-t-il pas accompagné Gaston chez les Renaud?

12   19. Depuis combien de mois Albert s'occupe-t-il de Gaston?   20. Selon la
Duchesse, qui est le meilleur psychiatre: Albert Jibelin ou le docteur Bonfant? Pourquoi?   21. Quelles méthodes modernes Albert a-t-il introduites
à l'asile?

13   22. Pourquoi Gaston n'a-t-il pas envie de faire la connaissance des Renaud?
23. Combien de familles Gaston a-t-il déjà vues?

14   24. Depuis quand dure l'amnésie de Gaston?   25. Où est-ce qu'on a retrouvé
Gaston après la guerre?

15   26. Selon Gaston, quel crime aurait-il pu commettre?   27. Comment la
Duchesse sait-elle que Gaston n'a pas été un criminel?   28. Pourquoi
Gaston aurait-il eu l'occasion de tuer au moins quelques hommes?   29.
Selon la Duchesse, en quelles circonstances est-ce qu'un homme peut tuer
quelqu'un?

16   30. Pourquoi Gaston préfère-t-il rester à l'asile?   31. Pourquoi la Duchesse
tient-elle à commencer les confrontations par les Renaud?   32. Qu'est-ce
que la Duchesse demande à Gaston de faire avant l'arrivée des Renaud?

109

DEUXIÈME TABLEAU

Page

28 4. Qui est le mari de Juliette ? 5. De quoi parle le valet depuis son mariage avec Juliette ?

29 6. Le chauffeur parle mal de Gaston. Qui le défend ? 7. Pourquoi Juliette défend-elle Jacques ? 8. Qu'est-ce que Jacques faisait pour ennuyer le chauffeur ?

30 9. Quelle a été la réaction des domestiques quand Jacques a disparu ? 10. Qui Jacques Renaud a-t-il voulu gifler ?

31 11. Selon Juliette, quelle sorte de personne Jacques était-il avant la guerre ? 12. Qu'est-ce que Juliette veut savoir à propos de sa propre apparence ?

32 13. Quel âge Juliette avait-elle quand Jacques est parti à la guerre ? 14. Selon Juliette, qui avait été son premier amant ?

33 15. Pourquoi le chauffeur souhaite-t-il que Jacques soit mort ?

34 16. Que font les domestiques quand les Renaud sont sur le point de partir ?

TROISIÈME TABLEAU

Page

35 1. Qui apparaît par l'escalier ? 2. Dans la chambre de qui Madame Renaud, Georges et Gaston entrent-ils ? 3. Selon les goûts de quelle personne la chambre est-elle décorée ?

36 4. Quel meuble ridicule Gaston remarque-t-il dans l'ancienne chambre de Jacques ? 5. Qu'est-ce que Jacques faisait quand on le forçait à apprendre le violon ? 6. Quel portrait Madame Renaud montre-t-elle à Gaston ? 7. Comment Gaston se voyait-il quand il était enfant ? 8. Comment Jacques était-il à douze ans ? 9. Qu'est-ce que la Duchesse montre à Gaston ?

37 10. Que contient cette malle ? 11. Quel était le jouet favori de Jacques ? 12. Qu'est-ce que Jacques a fait un jour avec cette fronde ?

38 13. Si Gaston avait été Jacques, qu'est-ce qu'il aurait fait à l'âge de sept ans ? 14. Comment Jacques traitait-il les animaux pendant sa jeunesse ? 15. Si Gaston avait été Jacques, quels jouets aurait-il préférés ? 16. Quelles sortes de jouets Jacques préférait-il ? 17. Qu'est-ce que la famille voulait que Jacques devienne ?

39 18. Qu'est-ce que Gaston cherche avant tout dans son passé ? 19. Selon Madame Renaud, est-ce que Jacques avait de vrais amis ou tout simplement des camarades ?

40 20. D'après Georges, combien de véritables amis avait Jacques ? 21. Comment Jacques a-t-il perdu son seul ami ? 22. A quel âge Jacques et son ami se sont-ils battus ? 23. Où leur dispute a-t-elle eu lieu ? 24. Quel a été le résultat de cette querelle ?

femme de Georges? 63. Qui apparaît dans l'antichambre pendant la conversation de Georges et Gaston? 64. Pourquoi Georges veut-il quitter la chambre lorsqu'il entend la voix de sa mère? 65. De qui Madame Renaud annonce-t-elle l'arrivée?

57 66. Qu'est-ce que Jules a fait pour mériter le mépris de Jacques? 67. Pourquoi Jacques avait-il eu des chances d'obtenir un poste dans la Compagnie Fillière? 68. Expliquez pourquoi c'est Jules qui a eu ce poste. 69. Qu'est-ce que c'est qu'un passé pour Gaston?

58 70. Qu'est-ce que Gaston veut que Madame Renaud raconte sur son passé? 71. Quelle sorte de joie Gaston cherche-t-il à retrouver?

59 72. Pourquoi Madame Renaud ne connaissait-elle pas les joies de son fils? 73. Pourquoi Madame Renaud a-t-elle du mal à deviner quelles étaient les joies de son fils?

60 74. Combien de temps la brouille entre Jacques et sa mère a-t-elle duré? 75. Où Jacques devait-il partir avant de se réconcilier avec sa mère? 76. Qu'est-ce que Madame Renaud et Jacques ont refusé de faire avant le départ de ce dernier?

61 77. Pourquoi Madame Renaud n'a-t-elle pas essayé de se réconcilier avec son fils? 78. Selon Gaston, qu'est-ce qu'elle aurait dû faire avant le départ de Jacques?

62 79. Quelle a été la raison de la dispute entre Jacques et sa mère? 80. Où Jacques a-t-il fait la connaissance de la petite couturière qu'il voulait épouser? 81. Pourquoi Madame Renaud ne voulait-elle pas que Jacques épouse la couturière? 82. Qu'est-ce que Jacques a crié à sa mère pendant leur querelle?

63 83. Quel prénom Madame Renaud utilise-t-elle en parlant à Gaston? 84. Quelle est la réaction de Gaston quand Madame Renaud l'appelle Jacques? 85. Où Gaston veut-il retourner?

64 86. Qu'est-ce qui indique que Madame Renaud en veut toujours à son fils? 87. Qui entre dans la chambre après le départ de Madame Renaud?

65 88. Pourquoi Gaston ne peut-il pas supporter la présence de Valentine? 89. Comment Gaston a-t-il appris que Valentine avait été la maîtresse de Jacques? 90. Pourquoi Gaston ne veut-il pas reprendre Valentine? 91. Où Jacques et Valentine se sont-ils connus? 92. Qui Valentine avait-elle aimé avant de se marier avec Georges?

66 93. Malgré son amour pour Jacques, pourquoi Valentine s'est-elle quand même mariée avec Georges? 94. A quelle époque Valentine est-elle devenue la maîtresse de Jacques? 95. Où était Georges quand Valentine est devenue la maîtresse de Jacques?

Page

67 96. Qu'est-ce que Gaston refuse d'avouer à Valentine? 97. Pourquoi Valentine pense-t-elle que Gaston est vraiment Jacques?

68 98. Dans quelles circonstances Gaston a-t-il déjà vu Valentine? 99. Combien de temps Valentine est-elle restée à l'asile? 100. Pourquoi Valentine n'a-t-elle pas révélé son identité à Gaston quand elle était à l'asile? 101. Qui a surpris Gaston et Valentine quand ils étaient ensemble à l'asile? 102. Pourquoi est-ce que cela n'a produit aucun résultat quand Valentine a crié qu'elle avait reconnu Jacques?

69 103. Si Gaston est Jacques Renaud, pourquoi ne veut-il pas reprendre Valentine?

70 104. Selon Valentine, à quoi Gaston doit-il renoncer? 105. Pourquoi Gaston refuse-t-il de reprendre Valentine? 106. Est-ce que Valentine est au courant de l'histoire de la bonne, Juliette?

71 107. Pour quelles autres raisons Gaston ne veut-il pas accepter l'identité de Jacques Renaud? 108. Après avoir passé quelques heures chez les Renaud, quelles habitudes Gaston a-t-il reprises inconsciemment?

72 109. Qui entre en scène pendant que Gaston et Valentine sont en train de parler? 110. Où Valentine s'est-elle cachée? 111. Qui vient d'arriver chez les Renaud? 112. Quand la Duchesse n'a pas suivi l'ordre d'inscription, quelle a été la réaction des autres familles? 113. Selon la Duchesse, qu'est-ce qui aveugle les familles qui réclament Gaston? 114. Quelle carte le maître d'hôtel apporte-t-il à la Duchesse?

74 115. Qu'est-ce que Jacques avait sous l'omoplate gauche? 116. Comment Jacques a-t-il eu cette cicatrice?

QUATRIÈME TABLEAU

Page

75 1. Qu'est-ce que Gaston est en train de faire pendant que les domestiques le regardent?

76 2. Après s'être regardé dans la glace, qu'est-ce que Gaston s'est mis à faire?

CINQUIÈME TABLEAU

Page

77 1. Au commencement du tableau, dans quelle chambre Gaston dort-il? 2. Qu'est-ce que le valet de chambre et le maître d'hôtel mettent autour du lit de Gaston? 3. Lorsque les domestiques sont en train de mettre des animaux empaillés autour du lit de Gaston, qui dirige cette opération?

4. Quel effet la Duchesse et Madame Renaud espèrent-elles produire sur Gaston en l'entourant d'animaux empaillés? 5. Où le maître d'hôtel doit-il poser un des animaux empaillés?

78 6. De qui le valet de chambre annonce-t-il l'arrivée? 7. Où attendent les familles qui viennent d'arriver chez les Renaud? 8. Quelle nouvelle famille vient d'arriver chez les Renaud?

79 9. D'où vient cette famille? 10. Qui compose ce groupe d'Anglais qui vient d'arriver? 11. Qu'est-ce que la Duchesse doit éviter à tout prix? 12. Qui guette le neveu de la Duchesse?

80 13. Quand Gaston se réveille, quelle réaction éprouve-t-il à la vue des animaux empaillés?

81 14. Comment Jacques attrapait-il ces animaux? 15. Si les animaux n'étaient pas morts, comment Jacques les tuait-il? 16. Comment Gaston aurait-il traité les animaux s'il avait été à la place de Jacques Renaud? 17. Pourquoi Gaston porte-t-il une autre robe de chambre?

82 18. Pourquoi Madame Renaud et la Duchesse sont-elles déçues par la réaction de Gaston à son réveil? 19. Pourquoi Georges voudrait-il être seul avec Gaston?

83 20. Pourquoi Madame Renaud trouve-t-elle l'attitude de Gaston fatigante? 21. La Duchesse trouve la façon d'agir de Madame Renaud trop froide. Qu'est-ce que la Duchesse conseille à Madame Renaud de faire? 22. Que répond Madame Renaud aux conseils de la Duchesse? 23. Qu'est-ce que la Duchesse a fait pour aider son petit Albert lorsqu'il était étudiant?

84 24. Où est Gaston quand Georges entre dans la chambre? 25. Qu'est-ce que Georges est revenu expliquer à Gaston?

85 26. Pourquoi Georges préfère-t-il que Gaston reste dans la salle de bain? 27. Comment Georges explique-t-il l'amour de Gaston et de Valentine? 28. Pourquoi la tante de Valentine a-t-elle dû pousser Valentine à se marier avec Georges? 29. Pourquoi Georges aime-t-il Jacques malgré tout ce qu'il a fait?

86 30. Même si Jacques était un assassin, où serait sa place selon Georges?

87 31. Qu'est-ce que Georges avait appris à son petit frère quand ils étaient jeunes? 32. Quel âge avait Jacques quand son père est mort? 33. Quel âge avait Georges à ce moment-là? 34. Qui a dû s'occuper de Jacques quand il était petit?

88 35. Qu'est-ce que sa famille a donné trop tôt à Jacques? 36. Quels traits de caractère de Georges et de sa mère avaient une mauvaise influence sur Jacques? 37. Où Gaston doit-il rejoindre la Duchesse quand il sera prêt? 38. Pourquoi faut-il que Gaston ne déteste pas trop le petit Jacques?

Page

101   74. Où attend l'oncle Job en ce moment? 75. Avec qui Gaston va-t-il parler? 76. A qui Gaston veut-il faire une communication capitale? 77. Avant de sortir de la chambre, quelle question Gaston pose-t-il au petit garçon?

102   78. Comment se fait-il qu'il ne reste pas d'amis intimes à la famille Madensale? 79. Qu'est-ce que Gaston montre comme preuve décisive de son identité? 80. Quelle est la lettre que l'oncle Job a pour mieux prouver l'identité du neveu du petit garçon? 81. Maître Picwick a une lettre qui parle de la cicatrice. Où a-t-on trouvé cette lettre?

103   82. Pourquoi Gaston n'a-t-il jamais vu la cicatrice auparavant? 83. Qu'est-ce que Gaston a fait pour montrer la cicatrice à la Duchesse? 84. Quelle est la réaction de la Duchesse en voyant la cicatrice?

104   85. Au dernier abcès de fixation, Gaston a dit le mot "foutriquet". De quelle personne parlait-il? 86. Qui est chargé d'annoncer la nouvelle de l'identité de Gaston aux Renaud? 87. Pour qui Gaston a-t-il un message? 88. Quel est ce message? 89. Que vont faire Gaston et sa nouvelle famille ensemble?

General Questions

1. Quelle personnalité Gaston s'est-il faite pendant ses dix-huit ans à l'asile?

2. Comment Gaston a-t-il pu si facilement se créer une personnalité innocente pendant qu'il était à l'asile?

3. Comparez la personnalité de Gaston à celle de Jacques.

4. Jusqu'à quel point le caractère de Jacques a-t-il été influencé par les autres membres de sa famille?

5. Comment Gaston apprend-il les détails du passé de Jacques?

6. Pourquoi Gaston ne veut-il pas accepter la personnalité de Jacques?

7. Quelle est la différence entre la manière de parler de la Duchesse et celle des domestiques?

8. A votre avis, pourquoi la Duchesse s'intéresse-t-elle tellement au cas de Gaston?

9. Bien que l'atmosphère de la pièce soit pessimiste, où trouve-t-on des éléments d'humour?

10. En quoi Georges Renaud est-il un personnage plus sympathique que sa femme et sa mère?

11. De quelle façon Gaston et le petit garçon se ressemblent-ils?

12. Pourquoi Gaston a-t-il fini par choisir la famille Madensale plutôt que la famille Renaud?

13. Quelques critiques ont estimé que l'auteur n'a pas terminé la pièce d'une manière réaliste. Êtes-vous d'accord ? Justifiez votre réponse.
14. Comment auriez-vous terminé la pièce vous-même ?

Exercises

Pages 3, 4, 5

a) Study and learn the following words. Make sentences with each word (if the teacher so directs).

prévenir   tromper   la pierre   pourtant

b) Study the following idioms, words with special meaning, etc.

je dois + *infinitive*   I am to + *verb*
bien + *adjective*   (*often*) indeed + *adjective*
ne + *verb* + **que**   not...until (*when accompanied by a time expression*)
faire prévenir quelqu'un   let somebody know
en plus de   in addition to
un tel + *noun*   such a + *noun*
se mettre à + *infinitive*   begin to + *verb*
s'occuper de + *noun (pronoun)*   pay attention to + *noun (pronoun)*, take care of + *noun (pronoun)*
se demander   wonder
se rendre compte de   realize
tout au moins   at the very least
savoir + *infinitive*   know how to + *verb*
se remettre à + *infinitive*   begin again to + *verb*
moi non plus   neither do I

c) Translation
Give the English equivalents, focusing your attention on the italicized expressions.

1. Qui *dois-je annoncer*? **2.** Nous sommes *bien* obligés de lui donner ce nom. **3.** Elle *n'était attendue qu'*au train de onze heures. **4.** Je vais *faire prévenir Madame* immédiatement. **5.** N'oubliez pas qu'*en plus de* ces Renaud il y a cinq autre familles. **6.** Avez-vous jamais entendu *un tel argument*? **7.** Gaston *s'est mis à regarder* les tableaux sans *s'occuper d'eux*. **8.** *Je me demande* parfois si *vous vous rendez compte de* votre situation. **9.** Vous êtes *tout au moins* un charmant garçon *qui sait reconnaître* ses erreurs. **10.** *Il s'est remis à regarder* les œuvres d'art. **11.** *Moi non plus*, je ne le crois pas.

Pages 6–7

a) Study and learn the following words. Make sentences with each word (if the teacher so directs).

parfois   exprimer   baisser

b) Study the following idioms, words with special meaning, etc.

cela ne me fait rien   that doesn't matter to me
faire + *infinitive* + *person*   have (*or* make) someone do something
je devrais + *infinitive*   I should + *verb*
avoir l'air de + *infinitive*   seem to + *verb*
quelqu'un de + *adjective*   someone + *adjective*[1]

c) **Translation**
Give the English equivalents, focusing your attention on the italicized expressions.

1. *Cela ne vous fait rien.*   **2.** *Cela vous fait rire.*   **3.** *Vous devriez vous interdire* de rire de vous-même.   **4.** *Est-ce qu'il a l'air de comprendre?*   **5.** Vous vous croyez *quelqu'un d'important.*

Pages 8–9

a) Study and learn the following words. Make sentences with each word (if the teacher so directs).[2]

le sort	lorsque	réussir	ravi
le neveu	malheureusement	appartenir	le malade
soigner	la nouvelle	le trou	désolé

b) Study the following idioms, words with special meaning, etc.

en tout cas   at any rate
pas grand-chose   not (very) much
au moins   at least
avoir l'air + *adjective* $\left.\begin{array}{l}\text{look}\\\text{seem}\end{array}\right\}$ + *adjective*

---

[1] In French one always finds *indefinite* + **de** + *adjective*. This **de** is not expressed in English.
[2] These words are arranged in order of their appearance when read by columns, vertically.

c) **Translation**

Give the English equivalents, focusing your attention on the italicized expressions.

1. *En tout cas*, c'est impardonnable. 2. Il n'a *pas* dit *grand-chose*. 3. Nous avons *au moins* une petite base maintenant. 4. *Ce garçon a l'air charmant.*

Pages 10–11

a) Study and learn the following words. Make sentences with each word (if the teacher so directs).

connu	le costume	vêtu	le pas
reconnaître	loger	gris	le devoir
le rêve	supporter	la preuve	se taire

b) Study the following idioms, words with special meaning, etc.

d'ailleurs besides, moreover
entendre dire quelque chose hear something
tout de même all the same
en effet as a matter of fact, in fact
dès que as soon as
à ma place in my place
du temps de at the time of
tous (les lundis) every (Monday)

c) **Translation**

Give the English equivalents, focusing your attention on the italicized expressions.

1. *D'ailleurs* je ne me rappelle pas *avoir entendu dire cela*. 2. C'est *tout de même* un auteur dramatique. 3. *En effet*, je ne reconnais pas le costume de Gaston. 4. Il l'a dit *dès que* mon neveu a pris le cas. 5. Qu'auriez-vous fait *à ma place*? 6. *Du temps du* docteur Bonfant les familles venaient *tous les lundis*.

Pages 12–13

a) Study and learn the following words. Make sentences with each word (if the teacher so directs).

heureusement	reconnaissant	oser
également	le bras	le genou
se plaindre	se tromper	le besoin

b) Study the following idioms, words with special meaning, etc.

ne... que   only
être en train de + *infinitive*   be in the process of + *infinitive*
de la part de + *person*   on the part of + *person*
avoir envie de + *infinitive*   want to + *verb*, feel like + *present participle*
je dois + *infinitive*   I must + *verb*

c) Translation
Give the English equivalents, focusing your attention on the italicized expressions.

1. Albert *n*'a le malade *que* depuis trois mois. **2.** *Tout cela est en train de changer.* **3.** C'est courageux *de la part de son neveu.* **4.** *N'avez-vous pas envie de les embrasser?* **5.** *Les plus petits doivent avoir une vingtaine d'années.*

Pages 14–15

a) Study and learn the following words. Make sentences with each word (if the teacher so directs).

soudain   chercher   rendre   cependant

b) Study the following idioms, words with special meaning, etc.

faire peur à + *person*   frighten + *person*
à peine   scarcely
en tout cas   at any rate
avoir besoin de   need
avoir de la chance   be lucky
côte à côte   side by side
de la même façon   in the same way

c) Translation
Give the English equivalents, focusing your attention on the italicized expressions.

1. *Cela a fait peur aux gens.* 2. C'est un homme qui avait *à peine* vingt ans. 3. Cela prouve *en tout cas* que *vous aviez besoin de moi.* 4. *Vous avez de la chance* de les connaître. 5. Ils sont tous des héros *côte à côte.* 6. Ils l'ont fait presque *de la même façon.*

Pages 16–17

a) Study and learn the following words. Make sentences with each word (if the teacher so directs).

chasser	l'amitié	s'en aller
rire	essayer	pressé

b) Study the following idioms, words with special meaning, etc.

j'ai dû + *infinitive*   I must have + *past participle*
rire de quelqu'un   laugh at someone
ne... que   only[1]
tenir à + *infinitive*   insist on + *present participle*
vouloir dire   mean
à l'instant   right away
d'un (geste)   with a (gesture)
faire + *infinitive* + *person*   (*here*) have something done for someone
du temps où   when, at the time when

c) Translation
Give the English equivalents, focusing your attention on the italicized expressions.

1. *J'ai dû chasser* quand j'étais petit. 2. Espérons que j'étais un chasseur *dont tout le monde riait.* 3. Je *ne* bois *que* de l'eau. 4. *J'ai tenu à commencer* par les Renaud. 5. *Cela veut dire* qu'ils ont une belle maison. 6. Nous allons le savoir *à l'instant.* 7. Il l'arrête *d'un geste.* 8. *Nous vous ferons appeler.* 9. C'était bon *du temps où* vous *n'*étiez *que* le malade d'Albert. 10. *Vous pouvez faire entrer vos maîtres*[2].

----

[1] To give maximum exposure to the common idioms, they are repeated in the idiom lists as well as in the translation exercises each time they occur.

[2] Note that the causative construction has one type of meaning in sentence 8 and another in sentence 10.

Pages 18–19

a) Study and learn the following words. Make sentences with each word (if the teacher so directs).

empêcher	malgré	l'époque	la belle-fille	le résultat
prier	puisque	les affaires	l'espoir	l'occasion

b) Study the following idioms, words with special meaning, etc.

vouloir bien   be willing
en effet   in fact, as a matter of fact
il m'a fallu + *infinitive*   I had to + *verb*
bien peu   very few
ainsi que   as well as
j'ai dû + *infinitive*   I had to + *verb*
arriver à + *infinitive*   succeed in + *present participle*
comme c'est (romanesque)!   how (romantic) it is!

c)   Translation
Give the English equivalents, focusing your attention on the italicized expressions.

1. *Elle a bien voulu* accompagner le malade.   **2.** Songez *en effet* quelle peut être notre impatience.   **3.** *Il nous a fallu attendre* jusqu'aujourd'hui. **4.** *Bien peu* acceptent de renoncer à l'espoir.   **5.** Vous êtes innocente, Madame, *ainsi que* votre neveu.   **6.** Mon fils, rappelé par ses affaires, *a dû repartir*.   **7.** *Elle est arrivée à l'approcher*.   **8.** Valentine a passé tout l'après-midi avec Gaston. *Comme c'est romanesque!*

Pages 20–21

a) Study and learn the following words. Make sentences with each word (if the teacher so directs).

égal   la rencontre   d'ailleurs   ainsi

b) Study the following idioms, words with special meaning, etc.

je dois + *infinitive*   I must + *verb*
tout de suite   immediately

c) **Translation**

Give the English equivalents, focusing your attention on the italicized expressions.

1. *Je dois* vous *dire tout de suite* que vous avez toute ma sympathie.

Pages 22–23

a) Study and learn the following words. Make sentences with each word (if the teacher so directs).

gentil	l'état	échanger	la phrase
crier	ému	effacer	se souvenir

b) Study the following idioms, words with special meaning, etc.

ne... guère   scarcely, hardly

tout + *adjective* $\begin{cases} \text{quite} \\ \text{very} \end{cases}$ + *adjective*

je dois + *infinitive*   I must + *verb*

tant pis   too bad

jeter un coup d'oeil à quelqu'un   glance (over) at someone

c) **Translation**

Give the English equivalents, focusing your attention on the italicized expressions.

1. Une mère *ne* peut *guère* avoir d'autre sentiment.   **2.** Valentine était *toute jeune* quand Georges l'a épousée.   **3.** *Vous devez être* heureuse de le revoir.
4. *Tant pis* pour lui!   **5.** Alors ne *me jetez* pas *un coup d'oeil* à chaque phrase de cette vieille toquée!

Pages 24, 25, 26

a) Study and learn the following words. Make sentences with each word (if the teacher so directs).

le banc	doucement	compter	le visage
apercevoir	le coin	cacher	l'impuissance

b) Study the following idioms, words with special meaning, etc.

au fond de   at the $\begin{cases} \text{back} \\ \text{end} \end{cases}$ of

faire partie de   be a part of

ne... que   not...until (*when accompanied by time expression*)

je dois + *infinitive*   I must + *verb*

avoir raison   be right

avoir l'air + *adjective* $\left\{ \begin{array}{l} \text{look} \\ \text{seem} \end{array} \right.$ + *adjective*

vouloir dire   mean

bien   (*here*) really

c) Translation
Give the English equivalents, focusing your attention on the italicized expressions.

1. Il y avait une statue *au fond du* parc.   **2.** *Ce coin du parc faisait partie de* son ancienne propriété.   **3.** Nous *n'*avons abattu le mur *qu'*après la guerre.   **4.** *Vous devez avoir raison.*   **5.** *Il avait l'air si drôle* devant cette statue!   **6.** Je ne sais pas ce que *vous voulez dire.*   **7.** Ah! C'est *bien* lui.

Pages 27, 28, 29

a) Study and learn the following words. Make sentences with each word (if the teacher so directs).

le domestique   la cuisinière   pousser   autrefois   pire

b) Study the following idioms, words with special meaning, etc.

finir par + *infinitive*   finally + *verb*

au fond de   to the $\left\{ \begin{array}{l} \text{back} \\ \text{end} \end{array} \right.$ of

à mon tour   in turn

c) Translation
Give the English equivalents, focusing your attention on the italicized expressions.

1. *Ça finira par t'arriver.*   **2.** Ils vont tous *au fond de* la pièce.   **3.** Il se penche *à son tour.*

Pages 30–31

a) Study and learn the following words. Make sentences with each word (if the teacher so directs).

l'avis   tandis que   rigoler

b) Study the following idioms, words with special meaning, etc.

allons!   (*sometimes*) come now!

il faut   it is necessary to, one must, (*sometimes*) we must, have to

s'en aller   go away

être de mon avis   agree with me, be of my opinion

c) **Translation**
Give the English equivalents, focusing your attention on the italicized expressions.

1. *Allons, allons,* maintenant *il faut s'en aller.*   **2.** Vous n'êtes pas *de notre avis*?

Pages 32, 33, 34

a) Study and learn the following words. Make sentences with each word (if the teacher so directs).

la guerre   la cuisine   rester

b) Study the following idioms, words with special meaning, etc.

verb + **toujours**   keep on + *present participle of verb*; still + *verb*

se mettre à + *infinitive*   begin to + *verb*

tout de même   all the same

c) **Translation**
Give the English equivalents, focusing your attention on the italicized expressions.

1. *Le chauffeur regardait toujours* par le trou de la serrure.   **2.** *Il s'est mis à aimer* la vie tranquille à l'asile.   **3.** *Tout de même* c'est M. Jacques.

Pages 35, 36, 37

a) Study and learn the following words. Make sentences with each word (if the teacher so directs).

apparaître   le couloir   le goût   tellement

b)   Study the following idioms, words with special meaning, etc.

d'un côté   on one side
avoir l'air de + *infinitive*   seem to + *verb*
avoir tort   be mistaken
faire + *infinitive* + *thing*   have + *thing* + *past participle*
finir par + *infinitive*   finally + *verb*
faire + *infinitive* + *person*   have (*or* make) someone do something

c)   **Translation**
Give the English equivalents, focusing your attention on the italicized expressions.

1. *D'un côté* il y a un vestibule.   **2.** *Il a l'air d'aimer* les fleurs.   **3.** *Il a eu tort.*   **3.** *J'ai fait descendre la malle* du grenier.   **5.** Vous allez *finir par me faire croire* cette histoire.

Pages 38–39

a)   Study and learn the following words. Make sentences with each word (if the teacher so directs).

| le bout | l'ingénieur | le fauteuil |
| le couteau | la pièce | le timbre-poste |

b)   Study the following idioms, words with special meaning, etc.

au contraire   on the contrary
ne... plus... que   no longer...anything...but
pas du tout   not at all
quand même   anyway
un coup d'oeil   glance

c)   **Translation**
Give the English equivalents, focusing your attention on the italicized expressions.

1. *Au contraire*, j'aime beaucoup les oiseaux.   **2.** Tu *n*'as *plus* voulu *que* des jouets scientifiques.   **3.** Je *ne* me vois *pas du tout* comme cela.   **4.** Je vous le demanderai *quand même*.   **5.** Elle parle vite après *un coup d'oeil* furtif à Jacques.

Pages 40–4I

a) Study and learn the following words. Make sentences with each word (if the teacher so directs).

avouer	l'escalier	affreux	se battre
pénible	garder	se pencher	large

b) Study the following idioms, words with special meaning, etc.

vouloir dire   mean
c'est dommage   it's too bad
j'ai su   I learned, I found out [1]
ni. . . ni   neither. . .nor
chercher à + *infinitive*   try to + *verb*
j'ai dû + *infinitive*   I had to + *verb*
valoir mieux   be better
à quoi bon?   what's the use?

c) Translation
Give the English equivalents, focusing your attention on the italicized expressions.

1. *Je veux dire* que *c'est dommage*.   **2.** *Avez-vous su* la raison de cette brouille?
3. *Ni Jacques ni son ami n'ont cherché à se revoir.*   **4.** *On a dû le garder* dans le plâtre très longtemps.   **5.** *Il vaut mieux* ne pas te rappeler.   **6.** *A quoi bon* revenir au passé?

Pages 42–43

a) Study and learn the following words. Make sentences with each word (if the teacher so directs).

se retourner	loin	la vérité	davantage
l'enfance	bizarre	le coup	bête

b) Study the following idioms, words with special meaning, etc.

je devais + *infinitive*   (*sometimes*) I must have + *verb*
tout au bord de   on the very edge of, right on the edge of
tout à l'heure (*with past tense*)   just now, a little while ago
autre chose   something else, anything else
je dois + *infinitive*   I must + *verb*
si (cruel) qu'il soit   however (cruel) it may be

---

[1] This is the most common meaning of *savoir* in the *passé composé* and the *passé simple*.

c) Translation
Give the English equivalents, focusing your attention on the italicized expressions.

1. *Vous deviez vous battre tout au bord* de l'escalier.   2. Est-ce que tu as trouvé *autre chose*?   3. *Je dois savoir* la vérité *si cruelle qu'elle soit*.   4. Avez-vous menti *tout à l'heure*?

Pages 44–45

a) Study and learn the following words. Make sentences with each word (if the teacher so directs).

le souvenir   la tendresse

b) Study the following idioms, words with special meaning, etc.

quelque chose de + *adjective*   something + *adjective*
en même temps que   at the same time as
jeter un coup d'oeil à quelqu'un   glance (over) at someone

c) Translation
Give the English equivalents, focusing your attention on the italicized expressions.

1. Je ne suis pas là pour apprendre *quelque chose d'agréable*.   2. Il a aimé Valentine *en même temps que* moi.   3. Avant de parler, Juliette *jette un coup d'œil aux Renaud*.

Pages 46–47

a) Study and learn the following words. Make sentences with each word (if the teacher so directs).

d'abord   oublier   pareil   durer

b) Study the following idioms, words with special meaning, etc.

en face de   opposite
je vous en prie   please

c) Translation
Give the English equivalents, focusing your attention on the italicized expressions.

1. Il s'est assis *en face d'*elle.   2. Ne m'appelez pas "monsieur", *je vous en prie*.

Pages 48–49

a) Study and learn the following words. Make sentences with each word (if the teacher so directs).

la bonne   semblable   s'éclairer   jurer   assister à

b) Study the following idioms, words with special meaning, etc.

je devrais + *infinitive*   I should + *verb*

c) Translation
Give the English equivalents, focusing your attention on the italicized expressions.

1. *Vous devriez le lire.*

Pages 50–51

a) Study and learn the following words. Make sentences with each word (if the teacher so directs).

étonner	dessous	traîner
embrasser	lutter	la jambe

b) Study the following idioms, words with special meaning, etc.

tenir à + *infinitive*   want to + *verb*
par terre   (*here*) on the floor
faire mal à quelqu'un   hurt someone
à moitié   half
tous les deux   both

c) Translation
Give the English equivalents, focusing your attention on the italicized expressions.

1. *Je ne tiens pas à perdre* ma place.   **2.** Ils ont roulé *par terre.*   **3.** *Vous me faites mal.*   **4.** Ils sont tombés là, *à moitié* dans le vestibule, *à moitié* sur le palier.   **5.** Ils ont roulé *tous les deux* en luttant.

Pages 52–53

a) Study and learn the following words. Make sentences with each word (if the teacher so directs).

rappeler	remercier	le droit
inquiet	méchant	la somme

b)   Study the following idioms, words with special meaning, etc.

qu'est-ce que vous voulez?   what do you expect?

ne... que   only

au fond   basically, essentially, after all

faire partie de   be a part of

chercher à + *infinitive*   try to + *verb*

bien de + *adjective* + *noun*   many + *adjective* + *noun*

tant que   as long as

bien des + *noun*   many + *noun*

faire + *infinitive* + *person* + *thing*   have something done for someone

ne... plus... que   no longer...anything...but

il me reste quelque chose   I have something left

c)   **Translation**

Give the English equivalents, focusing your attention on the italicized expressions.

1. Mais *qu'est-ce que vous voulez?*   **2.** Ce *n'*est *au fond qu'*un accident.   **3.** *Vous faisiez partie d'*équipes adverses.   **4.** *Ne cherche pas à connaître* cette histoire, elle *n'*est *que* bête et méchante.   **5.** Il y a eu *bien d'autres choses.*   **6.** *Tant que* j'en aurai le droit, je le ferai.   **7.** Tu nous as causé *bien des soucis.*   **8.** *Tu lui as fait donner cinq cent mille francs.*   **9.** *Il ne te restait plus que quelques milliers de francs.*

Pages 54–55

a)   Study and learn the following words. Make sentences with each word (if the teacher so directs).

autre chose	presque	la bonté
s'inquiéter	quoique	la façon

b)   Study the following idioms, words with special meaning, etc.

aimer bien   like

à sa façon   in his own way

avoir tort   be wrong

avoir beau + *infinitive*   be useless to + *verb*, be in vain to + *verb*

c)   **Translation**

Give the English equivalents, focusing your attention on the italicized expressions.

1. *Il m'aimait bien à sa façon.*   **2.** Il a baissé la tête comme si c'était lui *qui avait tort.*   **3.** *J'ai beau me dire* qu'il était jeune.

Pages 56–57

a) Study and learn the following words. Make sentences with each word (if the teacher so directs).

maladroit   se passer   la reconnaissance

b) Study the following idioms, words with special meaning, etc.

venir de + *infinitive*   have just + *verb*
j'ai su   I learned, I found out
en même temps que   at the same time as

c) Translation
Give the English equivalents, focusing your attention on the italicized expressions.

1. Devine *qui vient de venir.*   **2.** *Nous avons su* plus tard que c'était lui.
3. J'étais malade *en même temps que* toi.

Pages 58–59

a) Study and learn the following words. Make sentences with each word (if the teacher so directs).

la blessure   le cadeau

b) Study the following idioms, words with special meaning, etc.

se douter de quelque chose   suspect something

c) Translation
Give the English equivalents, focusing your attention on the italicized expressions.

1. C'était, sans que *je m'en doute*, la période la plus heureuse de ma vie.

Pages 60–61

a) Study and learn the following words. Make sentences with each word (if the teacher so directs).

la bêtise   quitter   pleurer
attendre   dur   s'enfermer

b)   Study the following idioms, words with special meaning, etc.

avoir beau + *infinitive*   be useless to + *verb*, in spite of the fact that +
   verb

faire + *infinitive* + *person*   have (*or* make) someone do something

ne... rien   nothing

se mettre à genoux   kneel, get down on one's knees

avoir honte   be ashamed

j'aurais dû + *infinitive*   I should have + *verb*

c)   **Translation**
Give the English equivalents, focusing your attention on the italicized
expressions.

1. *Les autres ont eu beau parler, rien ne t'a fait céder.*   **2.** *J'ai honte* de vous
dire cela.   **3.** *Vous auriez dû vous mettre à genoux* devant votre fils.

Pages 62–63

a)   Study and learn the following words. Make sentences with each word (if the
teacher so directs).

jusqu'à ce que   le dos   l'épaule   s'éloigner   entouré

b)   Study the following idioms, words with special meaning, etc.

vouloir dire   mean

avoir l'air de + **infinitive**   seem to + verb

qu'est-ce que tu as?   what's the matter with you?

revenir à soi   (*sometimes*) come out of a daze

faire plaisir à quelqu'un   please someone

faire du bien à quelqu'un   do someone some good

faire peur à quelqu'un   frighten someone

c)   **Translation**
Give the English equivalents, focusing your attention on the italicized
expressions.

1. *Je veux dire:* est-ce que l'on aime profondément à l'âge de dix-huit ans?
2. *Tu as l'air* de me *détester. Qu'est-ce que tu as?*   **3.** *Gaston revient à lui.*
4. Si vous voulez *me faire plaisir, me faire du bien*, vous me permettrez de
retourner à l'asile.   **5.** *Jacques me fait peur.*

Pages 64–65

a) Study and learn the following words. Make sentences with each word (if the teacher so directs).

la haine   jouer   nager

b) Study the following idioms, words with special meaning, etc.

avoir peur   be afraid
se connaître   get acquainted
en vacances   on vacation
se mettre à + *infinitive*   begin to + *verb*

c) **Translation**
Give the English equivalents, focusing your attention on the italicized expressions.

1. *Vous* en *aviez peur.* **2.** *Nous nous sommes connus en vacances.* **3.** *Votre frère s'est mis à m'aimer.*

Pages 66–67

a) Study and learn the following words. Make sentences with each word (if the teacher so directs).

épouser   le genre   sinon

b) Study the following idioms, words with special meaning, etc.

tout de suite   immediately
du moins   at least
même pas   not...even
il y a (deux ans)   (two years) ago

c) **Translation**
Give the English equivalents, focusing your attention on the italicized expressions.

1. La guerre a éclaté *tout de suite.* **2.** Si ce n'est pas lui, c'est *du moins* son fantôme. **3.** Vous ne vous souvenez *même pas* des gens que vous avez vus *il y a deux ans.*

Pages 68–69

a) Study and learn the following words. Make sentences with each word (if the teacher so directs).

la belle-mère   espérer   malheureux

b) Study the following idioms, words with special meaning, etc.

à part   except for

c)   **Translation**
Give the English equivalents, focusing your attention on the italicized expressions.

1. *A part* mon amnésie, j'ai beaucoup de mémoire.

Pages 70–71

a) Study and learn the following words. Make sentences with each word (if the teacher so directs).

renoncer   la durée

b) Study the following idioms, words with special meaning, etc.

tout à l'heure (*with past tense*)   just now, a little while ago
être en colère   be angry
avoir l'air de + *infinitive*   seem to + *verb*

c)   **Translation**
Give the English equivalents, focusing your attention on the italicized expressions.

1. Tu as déjà fait cela *tout à l'heure.*   2. Tu vas *être* très *en colère.*   3. *Vous avez l'air d'insinuer* que vous me connaissez mieux que moi.

Pages 72, 73, 74

a) Study and learn the following words. Make sentences with each word (if the teacher so directs).

prétendre	introduire	tâcher	enlever
réclamer	parier	découvrir	la veste

b) Study the following idioms, words with special meaning, etc.

venir de + *infinitive*   have just + *verb*

c) Translation
Give the English equivalents, focusing your attention on the italicized expressions.

1. *Des gens viennent d'arriver.*

Pages 75–76

a) Study and learn the following words. Make sentences with each word (if the teacher so directs).

la glace   la cheminée   la chemise

b) Study the following idioms, words with special meaning, etc.

sans blague!   no kidding!

c) Translation
Give the English equivalents, focusing your attention on the italicized expressions.

1. — Il monte sur une chaise! — *Sans blague!*

Pages 77, 78, 79

a) Study and learn the following words. Make sentences with each word (if the teacher so directs).

diriger   le moindre

b) Study the following idioms, words with special meaning, etc.

être en train de + *infinitive*   be in the act (process) of + *present participle*
arriver à + *infinitive*   succeed in + *present participle*
d'un autre côté   on the other hand

c) Translation
Give the English equivalents, focusing your attention on the italicized expressions.

1. *Ils sont en train d'apporter* dans la pièce des animaux empaillés. **2.** *Est-ce que nous arriverons à calmer* ces gens? **3.** Mais *d'un autre côté*, nous sommes obligés d'éviter le moindre scandale.

Pages 80–81

a) Study and learn the following words. Make sentences with each word (if the teacher so directs).

le manteau	la lumière	adroit	la patte
surveiller	reculer	le morceau	le bois

b) Study the following idioms, words with special meaning, etc.

se servir de   use
en somme   after all, anyway
rendre quelqu'un + *adjective*   make someone + *adjective*
à jamais   forever
être à quelqu'un   belong to someone

c) **Translation**
Give the English equivalents, focusing your attention on the italicized expressions.

1. Il préférait *se servir de* son couteau.   **2.** *En somme* maintenant, c'est passé.
3. J'étais assez puissant pour *la rendre à jamais heureuse*.   **4.** Cette robe de chambre *est* aussi *à Monsieur*.

Pages 82–83

a) Study and learn the following words. Make sentences with each word (if the teacher so directs).

la poche	se réveiller	surtout
la volonté	agir	frapper

b) Study the following idioms, words with special meaning, etc.

avoir l'air + *adjective* $\begin{cases} \text{seem} \\ \text{look} \end{cases}$ + *adjective*

en tout cas   at any rate

c) **Translation**
Give the English equivalents, focusing your attention on the italicized expressions.

1. *Il a eu l'air surpris.*   **2.** *En tout cas*, je n'ai pas de conseil à vous donner.

Pages 84–85

a) Study and learn the following words. Make sentences with each word (if the teacher so directs).

le bain   agacer   ennuyer   épouvanté   réfléchir

b) Study the following idioms, words with special meaning, etc.

à la longue   in the long run
en vouloir à quelqu'un   be angry with someone, hold a grudge against someone
aimer mieux   prefer
ne. . . plus   no longer
avoir envie de + *infinitive*   feel like + *present participle*
j'ai dû + *infinitive*   I must have + *verb*
je n'en peux plus   I'm exhausted
de la sorte   in that way

c) **Translation**
Give the English equivalents, focusing your attention on the italicized expressions.

1. *A la longue,* nous t'agaçons avec nos histoires. **2.** *Tu ne m'en veux plus?* **3.** Laisse-moi, *j'aime mieux* finir. **4.** Elle *avait envie de se promener.* **5.** *Sa tante a dû* la *pousser* à accepter ma demande. **6.** *Il n'en peut plus.* **7.** Vous auriez détesté votre meilleur ami s'il avait agi *de la sorte.*

Pages 86–87

a) Study and learn the following words. Make sentences with each word (if the teacher so directs).

souhaiter   gagner   amoureux
las   gêné   promener

b) Study the following idioms, words with special meaning, etc.

faire partie de   be a part of
comme c'est (simple)!   how (simple) it is!
ne. . . guère   scarcely, hardly
le   Sometimes **le** is used as a neuter object to refer back to an idea without gender and number. This **le** is not expressed in English except occasionally by the word *so*.

....

à part   except for
personne. . . ne   no one
arriver à + *infinitive*   succeed in + *present participle*
avoir besoin de   need

tout + *adjective* $\begin{cases} \text{quite} \\ \text{very} \end{cases}$ + *adjective*

il a fallu que je. . .   I had to. . .; it was necessary that I. . .
bien   (*sometimes*) really
s'occuper de   take care of, look after

c)   Translation
Give the English equivalents, focusing your attention on the italicized expressions.

1. *Il fait partie de* la famille.   **2.** Gaston fera le choix lui-même. *Comme c'est simple!*   **3.** Il se croyait honnête — il *ne* l'est *guère*.   **4.** *A part* vous, *personne ne* m'aime.   **5.** Je ne peux pas *arriver à comprendre* pourquoi.   **6.** Je rêve d'un ami assez fragile pour qu'*il ait* tout le temps *besoin de* moi.   **7.** J'étais *tout petit* quand votre père est mort.   **8.** *Il a bien fallu que je m'occupe de toi.*

Pages 88–89

a)   Study and learn the following words. Make sentences with each word (if the teacher so directs).

le fusil	s'habiller	sauter
prêt	plaisanter	la souffrance

b)   Study the following idioms, words with special meaning, etc.

c'est à (moi) de + *infinitive*   It's up to (me) to + *verb*
je devais + *infinitive*   (*sometimes*) I must have + *past participle*
avoir de la chance   be lucky
être en train de + *infinitive*   form of to be + *present participle of verb*
se demander   wonder
je dois + *infinitive*   I must, am to + *verb*

c)   Translation
Give the English equivalents, focusing your attention on the italicized expressions.

1. *C'était à nous de* vous *sauver*.   **2.** *Tu devais être* un si petit soldat sur le quai de la gare. **3.** *Vous avez de la chance.* **4.** C'est une épouvantable sensation d'*être en train de tuer* quelqu'un pour vivre. **5.** *Il se demande s'il doit rire* ou non.

Pages 90–91

a) Study and learn the following words. Make sentences with each word (if the teacher so directs).

devenir   la cicatrice   hier   le passé

b) Study the following idioms, words with special meaning, etc.

ne... aucun   no, not any
j'ai dû + *infinitive*   I must have + *verb*
se tromper   be mistaken
valoir mieux   be better
se rendre compte de   realize
être en train de + *infinitive*   *form of* to be + *present participle of verb*

c) Translation
Give the English equivalents, focusing your attention on the italicized expressions.

1. Je *n'*ai vu *aucune* cicatrice. **2.** *Vous avez dû vous tromper.* **3.** Je crois que *cela vaut mieux.* **4.** Est-ce que *tu te rends compte* de ce que *tu es en train de faire?*

Pages 92–93

a) Study and learn the following words. Make sentences with each word (if the teacher so directs).

commode   la belle-sœur   le seuil
la larme   surprenant   le drap

b) Study the following idioms, words with special meaning, etc.

au fond   basically, essentially, after all
je dois + *infinitive*   I must + *verb*
assez   (*sometimes*) rather
avoir envie de + *infinitive*   feel like + *present participle*

c) **Translation**
Give the English equivalents, focusing your attention on the italicized expressions.

1. *Au fond, tu dois être assez* fier de ton geste.   2. *J'ai envie de rire.*

Pages 94–95

a) Study and learn the following words. Make sentences with each word (if the teacher so directs).

le prix   choisir   impuissant   fumer

b) Study the following idioms, words with special meaning, etc.

n'importe où   anywhere
à pied   on foot
à travers champs   across (through) the fields
se sentir   feel
se débarrasser de   get rid of
faire la vaisselle   do the dishes
il ne me reste pas   I don't have left

c) **Translation**
Give the English equivalents, focusing your attention on the italicized expressions.

1. J'irai *n'importe où.*   2. Je vais partir *à pied, à travers champs.*   3. *Tu te sens* donc si libre depuis que *tu t'es débarrassé de* nous?   4. A l'asile tu as aidé à *faire la vaisselle.*   5. *Il ne me reste pas* le plus petit espoir.

Pages 96–97

a) Study and learn the following words. Make sentences with each word (if the teacher so directs).

l'endroit   cassé   bouger   l'avion

b) Study the following idioms, words with special meaning, etc.

jeter un coup d'oeil   glance, look around
sur la pointe des pieds   on tiptoe
par là   that way

c) **Translation**
Give the English equivalents, focusing your attention on the italicized expressions.

1. Un petit garçon ouvre la porte, *jette un coup d'oeil*, puis referme la porte et s'aventure dans le couloir *sur la pointe des pieds*. **2.** C'est *par là*.

Pages 98–99

a) Study and learn the following words. Make sentences with each word (if the teacher so directs).

ennuyeux   l'avocat   épouvantable

b) Study the following idioms, words with special meaning, etc.

un conseil   a piece of advice
au sujet de   concerning, about
au fond   basically, essentially, after all
vouloir dire   mean
mettre longtemps à + *infinitive*   take a long time to + *verb*
se moquer de   make fun of
je n'y peux rien   I can't help it, I can't do anything about it
comment se fait-il que. . .?   how does it happen that . . . ?
entendre parler de   hear about

c) **Translation**
Give the English equivalents, focusing your attention on the italicized expressions.

1. Si j'ai *un conseil* à lui donner, c'est de ne pas avoir trop d'espoir *au sujet de* son neveu. **2.** C'est même un peu drôle *au fond*. **3.** *Vous voulez dire* que c'est votre père? **4.** *J'ai mis longtemps à comprendre.* **5.** Il ne faut pas trop *se moquer de* moi, *je n'y peux rien.* **6.** *Comment se fait-il que* vous soyez seul à représenter la famille Madensale? **7.** *Vous avez* peut-être *entendu parler du* "Neptunia"?

Pages 100–101

a) Study and learn the following words. Make sentences with each word (if the teacher so directs).

plutôt   rond   entraîner

b) Study the following idioms, words with special meaning, etc.

les parents   (*here*) relatives
à vrai dire   really, honestly, to tell the truth
même pas   not even
par terre   on the ground
être au courant de   be aware of, know about
monter à cheval   go horseback riding
je dois + *infinitive*   I must + *verb*
avoir envie de + *infinitive*   want to + *verb*

c) **Translation**
Give the English equivalents, focusing your attention on the italicized expressions.

1. Alors tous vos *parents* sont morts? **2.** *A vrai dire* je ne m'en suis *même pas* aperçu. **3.** Il a posé le petit garçon *par terre*. **4.** C'est parce que *vous* n'êtes pas *au courant des* successions. **5.** Aimez-vous *monter à cheval?* **6.** L'oncle Job *doit avoir envie de retrouver* votre neveu.

Pages 102–103

a) Study and learn the following words. Make sentences with each word (if the teacher so directs).

parfait   vide   les lunettes
reprendre   le retour désolé

b) Study the following idioms, words with special meaning, etc.

je l'attends depuis + *time expression*   I have been waiting for him for + *time expression*
venir de + *infinitive*   have just + *past participle*
apprendre quelque chose à quelqu'un   inform someone of something
prétendre   claim
tout en + *present participle*   while + *present participle*

c) **Translation**
Give the English equivalents, focusing your attention on the italicized expressions.

1. *Je l'attends* moi-même *depuis un quart d'heure*. **2.** *Maître Picwick vient de m'apprendre une chose extrêmement troublante*. **3.** *Il prétend* que son neveu a une cicatrice. **4.** *Tout en* leur *présentant* son dos, il se penche vers le petit garçon.

Pages 104–105

a) Study and learn the following words. Make sentences with each word (if the teacher so directs).

le sourire   ancien   la crainte   le chemin

b) Study the following idioms, words with special meaning, etc.

cela ne fait rien   that doesn't matter

c) **Translation**
Give the English equivalents, focusing your attention on the italicized expressions.

1. — Gaston a insulté son frère. — *Cela ne fait rien.*

Vocabulary

adv.	adverb	*pl.*	plural
f.	feminine	*pp.*	past participle
imp.	imperfect	*prep.*	preposition
Ital.	Italian	*pres. part.*	present participle
m.	masculine	*sing.*	singular
		subj.	subjunctive

This vocabulary contains all words except obvious cognates, words which are glossed or footnoted and occur only once, common interrogatives, articles, personal pronouns, disjunctives + **-même,** and demonstrative and possessive adjectives.

Characteristics of popular and familiar speech used by servants in the play are as follows:

1. The omission of *ne* in negative sentences. Ex.: C'est pas à souhaiter. = Ce *n*'est pas à souhaiter. (page 33, line 17)

2. The use of *y* for *il*—implying the dropping of the *l* in the pronunciation of *il* in certain positions. Ex.: *Y* monte sur une chaise? = *Il* monte sur une chaise? (75:11)

3. The use of *t'* for *tu* before verbs beginning with a vowel. Ex.: Quel âge *t'*avais quand il est parti à la guerre? = Quel âge avais-*tu* quand il est parti à la guerre? (32:2) (Note also tendency to avoid inversion in this type of question.)

4. The use of *ça* to refer familiarly and/or contemptuously to a person. Ex.: ... et *ça* venait vomir sur les coussins de la voiture = ... et *il* venait vomir sur les coussins de la voiture (29:27)

5. The use of *on* for *nous*. Ex.: Ah toi, depuis qu'*on* est mariés, tu n'as que ce mot-là à la bouche! = Ah toi, depuis que *nous* sommes mariés, tu n'as que ce mot-là à la bouche! (28:11)

6. The use of *ce que* for *comme*. Ex.: Ah! *ce que* ça peut être torturant pour une femme... = Ah! *comme* ça peut être torturant pour une femme... (46:22)

7. The use of *que* for *est-ce que*. Ex.: Pourquoi *que* tu t'arranges dans la glace et *que* tu demandes si t'as changé? = Pourquoi *est-ce que* tu t'arranges dans la glace et pourquoi *est-ce que* tu demandes si tu as changé? (31:28)

8. The use of *ben* for *bien*. Ex.: Eh *ben*! = Eh *bien*! (27:16)

9. The use of *ouais* for *oui*. Ex.: *Ouais*! comme son frère... = *Oui*! comme son frère... (29:22)

A

à to; at; in; **à + *infinitive*** sometimes expressed by English *pres. part.*; **à cause de** because of; **à ce point** so much; **à ce point-là** that much; **à côté** over there; **à la longue** in the long run; **à la sortie de la Duchesse** after the Duchess leaves; **à l'instant** right away; **à jamais** forever; **à moitié** half; **à part** aside; besides; except for; **à peine** scarcely; **à pied** on foot; **à quoi bon** what's the use; **à regret** regretfully; **à sa façon** in his own way; **à son tour** in (his) turn; **à travers** across; **à vrai dire** really, honestly

abasourdi dumbfounded

abattre tear down; shoot down; kill

abcès *m.* abcess; **abcès de fixation** an artificial abcess induced by an injection to localize a sickness

abord: d'abord at first

accepter accept; agree

accompagner escort, accompany

accomplir accomplish

acheter buy

adroit skilled; **il était adroit pour cela** he was good at that

adverse opposite, opposing

affaire *f.* affair, case; **affaires** *f. pl.* business; **affaire de** question of

affreusement terribly

affreux, -euse terrible

agacer irritate, annoy

âge *m.* age; **quel âge avez-vous?** how old are you?

agenda [aʒɛ̃nda] *m.* memorandum book

agir act, behave; **façon d'agir** way of behaving

agréable pleasant

ahuri aghast

ailleurs: d'ailleurs besides, moreover

aimer like, love; **aimer bien** like; **aimer mieux** prefer

ainsi thus; **ainsi que** as well as

air *m.* air; appearance; aspect; **avoir l'air** (+ *adj.*) look, seem (+ *adj.*); **avoir l'air** (+ *inf.*) seem to (+ *verb*)

Allemagne *f.* Germany

aller go; **allez** after all; come on; **allons** come now; let's go; **s'en aller** go away

allure *f.* appearance; **l'allure qu'il a** the appearance he has, the figure he cuts

alors then; **alors que** when

amant *m.* lover

Amérique *f.* America

ami *m.* friend

amitié *f.* friendship

amnésie *f.* amnesia (loss of memory)

amnésique *m.* victim of amnesia

amour *m.* (*in sing.*) love

amoureux, -euse in love; **être amoureux de** be in love with

amusant amusing

amuser amuse; **s'amuser à** take pleasure in, enjoy

an *m.* year

ancien, -ne former; old

anglais English

Angleterre *f.* England

animal (*pl.* **animaux**) animal

animosité *f.* animosity, resentment

année *f.* year

annoncer announce

antipathique unpleasant

août *m.* August

apercevoir notice, see; **s'apercevoir** notice, realize

apparaître appear

appartenir (**à**) belong (to)

appeler call; call forth, evoke; **s'appeler** be named, be called

appliquer apply

apporter bring

apprendre learn; teach; **apprendre quelque chose à quelqu'un** inform someone of something

approbation *f.* approval

approcher approach

après after; après réflexion on second thought; et puis après and so what

après-midi *m. and f.* afternoon

arbre *m.* tree

ardeur *f.* ardor

argent·*m.* money

arme *f.* arm, weapon

arrêt: être en arrêt stop short, stand looking at

arrêter stop; arrest; s'arrêter stop

arriver arrive; happen; arriver à succeed in

asile *m.* asylum

assault *m.* assault, attack

asseoir(s') sit down

assez enough; rather; en avoir assez be fed up

assister à be present at

assurer assure

atroce terrible, atrocious

atteindre attain; hit; hurt

attendre await, wait, wait for; expect

attention! look out! watch out!

attentivement attentively, carefully

attirer draw, pull

au to the; au bord de on the edge of; au bout de at the end of; au contraire on the contrary; au courant de aware of, in the know; au fond at the end; to the back; in, to the rear; basically; essentially; after all; au hasard at random; au moins at least; au point de vue from the point of view; au sujet de about; au téléphone by telephone; au visage in the face; aux eaux noires with black waters; aux rives sans nom with nameless banks; aux yeux in the eyes

aubaine *f.* windfall

aucun not...any, no; no one; ne... aucun no, no one, none

audace *f.* a lot of "nerve"

aujourd'hui today

auprès de to

aussi also; so; aussi... que as...as

autant as much; as many

auteur *m.* author; auteur dramatique playwright

autorité *f.* authority

autour de about, around

autre other; autre chose something else

autrefois formerly, in the past

avancer advance; s'avancer come forward, advance

avant before; avant de before; avant que before; avant tout above all

avec with

aventure *f.* adventure

aventurer(s') venture

aveugler blind

avion *m.* plane; en avion by plane

avis *m.* opinion; vous n'êtes pas de notre avis you don't agree with us

avocat *m.* lawyer who pleads before the court

avoir have; avoir à have to; avoir beau (+*inf.*) be useless, be in vain; in spite of the fact that (one is); avoir besoin need; avoir crainte fear; avoir de la chance be lucky; avoir envie want; feel like; avoir honte be ashamed; avoir l'air (+*adj.*) look, seem (+*adj.*); avoir l'air (+ *inf.*) seem to (+*verb*); avoir l'impression feel; avoir l'occasion have the chance; avoir mal hurt, be in pain; avoir peur be afraid; avoir raison be right; avoir tort be wrong; avoir un geste make a gesture; en avoir assez to be fed up; il y a there is, are; ago; qu'est-ce que tu as? what's the matter with you?

avoué *m.* a special type of French lawyer who, up to September 1972, prepared legal briefs (the avocat pleaded before the court). Now the avoué no longer exists.

avouer confess, admit

B

bagarre *f.* quarrel, fight
bain *m.* bath; **salle de bain(s)** bathroom
baiser *m.* kiss
baisser lower
bal *m.* dance
balle *f.* bullet
bambino *m.* (*Ital.*) small child
banc *m.* bench
barbe *f.* beard
bas, -se low
bas *m.* bottom
base *f.* basis
bataille *f.* battle; fight, quarrel
battant: porte aux deux battants French (i.e. double) door
battre beat; **se battre** fight
beau, bel, belle beautiful; **avoir beau** (+*inf.*) be useless, be in vain; in spite of the fact that (one is)
beaucoup much, a great deal; many, a great many
belette *f.* weasel
belle (*f. of* beau) beautiful
belle-fille *f.* daughter-in-law
belle-mère *f.* mother-in-law
belle-sœur *f.* sister-in-law
ben (= **bien**) well; good
bénéfice *m.* benefit
besoin *m.* need; **avoir besoin** need
bestiole *f.* creature
bête stupid; foolish
bête *f.* animal
bêtise *f.* mistake; folly; foolish act
beurre *m.* butter
bicyclette *f.* bicycle; **à bicyclette** on a bicycle
bien well; very; quite; correctly; certainly; really; closely; indeed; **bien des** many; **bien en face** squarely; **bien que** although; **bien sûr** certainly; **bien vouloir** be so kind as; **c'est bien** that's good; **eh bien** well then; **me faire bien** do me some good; **vouloir bien** be willing

bien *m.* good; **faire du bien** do good
bientôt soon
billet *m.* ticket
bizarre strange
blague *f.* joke; **sans blague** "no kidding"
blanc, blanche white
blessure *f.* wound
Blois a small city in Touraine noted for its château
boire drink
bois *m.* woods, forest
bon, bonne good; **à quoi bon** what's the use
bonne *f.* maid
bonté *f.* goodness, kindness
bord *m.* edge; **tout au bord de** right on the edge of; on the very edge of
bouche *f.* mouth; **plissement de bouche** pouting; **plisser la bouche** pout
bouger move
bourru surly
bout *m.* end, tip; **au bout** at the end; **jusqu'au bout** to the very end
bouton *m.* button
bras *m.* arm
brasse *f.* (swimming) stroke
brouille *f.* falling out
bruit *m.* noise
brusque sudden
brusquement suddenly
brutalement brutally, roughly

C

ça that; (*contemptuously*) that person
cacher hide
cadeau *m.* gift
calcul *m.* plan
camarade *m.* friend
capital very important
car for
caractère *m.* character, personality
carte *f.* card
cas *m.* case; **en tout cas** at any rate

casser break; **il s'était fait casser la gueule** "he'd got his face smashed up"

cause *f.* cause, reason; **à cause de** because of

causer cause

ce *pron.* he; she; it; that; this; **ce**(+*pl.* of **être**) they; these; those; **ce que c'est que** what is; **c'est-à-dire** that is to say; **ce que ça peut être torturant** how torturing that can be

céder give in

cela that

cent hundred

cependant however

certainement certainly

cesser stop

c'est-à-dire that is to say

chacun each one, everyone

chaise *f.* chair

chambre *f.* bedroom; **faire la chambre** clean the room; **robe de chambre** bathrobe, dressing gown; **valet de chambre** valet, manservant

champ *m.* field; **à travers champs** across the fields, through the fields

chance *f.* luck; chance; **avoir de la chance** be lucky

changer change

chaque each, every

charger load; **se charger de** take on, undertake; take care of

charmant charming

chasse *f.* hunt, hunting; **couteau de chasse** hunting knife

chasser hunt; chase away

chasseur *m.* hunter

château *m.* castle; mansion

Châteaudun a small French town south of Chartres

chaud warm

chaussures *f. pl.* shoes

chemin *m.* path; way

cheminée *f.* fireplace; mantle

chemise *f.* shirt

cher, chère dear; **mon cher** my dear fellow

chercher look for; **aller chercher** go for, go and get; **chercher à** try to; **se chercher** look for on oneself

chéri *m.* darling

cheval *m.* horse; **monter à cheval** go horseback riding

cheveux *m. pl.* hair

chez to (at) the house of; to (at) the place of business of

chien *m.* dog

choisir choose

choqué shocked

chose *f.* thing; **autre chose** something else; **pas grand-chose** not much; **peu de chose** little, not much

cicatrice *f.* scar

cinq five

cinquante fifty

circonstance *f.* condition; circumstance

circulaire circular

cirer wax; shine

classe *f.* class; **livre de classe** textbook

classer clasify

cocu *m.* cuckold (a man whose wife is unfaithful to him)

code *m.* legal code

cœur *m.* heart

coin *m.* corner

colère *f.* anger; **colères** *f. pl.* fits of anger; **être en colère** be angry

collectionner collect

collège *m.* prep school

combattant *m.* fighter, soldier

combien how much; how many

comique comical

comme like, as; since; how; **comme à regret** as if regretfully

commencer begin; **commencer par** begin with

comment how; what; **comment se fait-il que** how does it happen that

commode easy, convenient

communication *f.* message; **faire une communication** give a message

communiquer communicate

comparer compare

complet, complète complete
complètement completely
compliquer complicate
comprendre understand
compromettre compromise
compte *m.* account; **se rendre compte** realize
compter count
condamner [kõdane] condemn
conduire lead, guide
conduite *f.* conduct
confirmer confirm
confronter confront; compare
connaître know, get acquainted; **se connaître** get acquainted
connu well-known; **connu de** known to
conquérant *m.* conqueror
conseil *m.* piece of advice; *pl.* advice
conserver conserve, keep
consolant consoling
consoler console
conspiration *f.* conspiracy, plot
contact *m.* contact; **prise de contact** *f.* initial contact
contempler contemplate
contenter content, satisfy; **se contenter** be satisfied
continuer continue
contraire *m.* opposite, contrary; **au contraire** on the contrary
contre against
convaincre convince
costume *m.* suit
côte *f.* coast; **côte à côte** side by side
côté *m.* side; **à côté** over there; **d'un autre côté** on the other hand; **d'un côté** on one side
couché lying down
couloir *m.* hall
coup *m.* blow; **coup de pédale** turn of the pedal; **coup d'œil** glance; **d'un coup** suddenly; **jeter un coup d'œil** glance; glance around, look around
couper interrupt
courageux, -euse courageous

courant *m.* current, stream; **être au courant de** be aware of, be in the know, know about
courir run
couteau *m.* knife; **couteau de chasse** hunting knife
craindre fear, be afraid
crainte *f.* fear; **n'ayez crainte** don't worry
crémière *f.* dairy woman
crier cry out
criminel *m.* criminal
croire believe; **croire à** believe in; **laisser croire** lead one to believe; **se croire** believe oneself to be; **se croire tout permis** think one can get away with anything; **tu peux m'en croire** you can believe me
croisière *f.* cruise
cuisine *f.* kitchen
cuisinière *f.* cook
curieux, -se curious
curiosité *f.* curiosity

D

d'abord at first; first of all
d'ailleurs besides, moreover
dame *f.* lady
dans in
davantage still
de of, from, by; with; (*with infinitive*) to; (*before numerals*) than; (*as partitive*) some, any; in; **de la même façon** in the same way; **de la part de** on the part of; **de la sorte** in that way; **de plus** more
débarrasser clear; rid; **se débarrasser de** get rid of; get out of
débris *m. pl.* pieces
décider decide
décisif, décisive decisive, definitive
décorer decorate
découvrir discover
dedans in it; inside
défendre defend; forbid

définitivement for good
déjà already
délire *m.* delirium
délivrer deliver, release
demain *m.* tomorrow
demande *f.* proposal
demander ask;   **se demander** wonder
démasquer unmask
dénoncer denounce
dent *f.* tooth
départ *m.* departure
dépenser spend
depuis for; since;   **depuis que** since
déranger disturb, bother
dernier, -ère last
derrière behind
derrière *m.* buttocks
dès: dès que as soon as
descendre come down, go down; bring
  down
désir *m.* desire, wish
désolé unhappy; very sorry
désorganisé disorganized
dessein *m.* plan
dessous underneath
destin *m.* fate
détail *m.* detail;   **dans leurs détails** in
  detail
détester detest, hate
détruire destroy
deux two;   **tous deux** both;   **tous les
  deux** both
deuxième second
devant before, in front of
devenir become
deviner guess
devoir must, has to; is to; owe
devoir *m.* duty
diable *m.* devil;   **que diable** for
  heaven's sake
Dieu *m.* God
difficile difficult
dignité *f.* dignity
Dinard popular French seaside resort
  in Brittany
diplomatie [diplɔmasi] *f.* diplomacy

dire say, tell;   **à vrai dire** really;
  honestly;   **c'est-à-dire** that is to say;
  dis donc say, look here;   **entendre
  dire que** hear;   **vouloir dire** mean
diriger direct
discrètement discreetly
disparaître disappear
disparition *f.* disappearance
disposer place
disposition *f.* disposition, disposal;   **à
  la disposition** at the disposal
disputer dispute;   **se disputer** quarrel
distingué distinguished
dix ten
dix-huit eighteen
dix-sept seventeen
docteur *m.* doctor, physician
domestique *m. and f.* servant
dommage: c'est dommage it's a pity,
  it's too bad
donc then;   **dis donc** say, look here
donner give;   **se donner à** give oneself
  to, devote oneself to
dont whose; of which, of whom; with
  whom, with which; by which, by whom
dos *m.* back
dossier *m.* file, record
doucement gently, softly
douceur *f.* sweetness
douleur *f.* sorrow; pain
doulou... = **douloureux** (48:1)
douloureux, -euse sorrowful; painful
doute *m.* doubt;   **sans doute** probably
douter doubt;   **se douter** suspect
doux, douce sweet; gentle
douze twelve
drap *m.* sheet
droit *m.* right
drôle strange; funny
drôlement in an odd manner
du of the; some;   **du moins** at least;
  du temps de at the time of
duchesse *f.* duchess
dur hard
durée *f.* length, duration
durer last

E

eau *f.* water; **aux eaux noires** with black waters

échanger exchange

échapper escape; **s'échapper** escape

éclairer light; **s'éclairer** become clear

éclater de rire burst out laughing; **éclater d'un bon rire** burst out laughing heartily

école *f.* school

écouter listen

écureuil *m.* squirrel

effacer erase

effet *m.* effect; **en effet** as a matter of fact

égal (*pl.* égaux) equal

également as well; equally

eh *exclamation*; **eh bien** well!

éliminer eliminate

éloigner remove; **s'éloigner** withdraw, move away

embrasser kiss

émouvant touching

empailler stuff

empêcher prevent, stop

employer use

emporter carry away; **ne vous laissez pas emporter** don't get carried away

ému moved, touched

en *prep.* in, into; as a, as; like (a); made of; (*with pres. part.*) while, by (*or untranslatable*); **en avion** by plane; **en effet** as a matter of fact; **en erreur** mistaken; **en face de** facing; opposite; **en même temps** at the same time; **en outre** besides; **en plus** in addition; **en retard** late (not on time); **en revanche** on the other hand; **en rien** in any way; **en somme** after all; **en tous points** in every way; **en tout cas** at any rate; **en train de** in the act of, in the process of; **en une seule fois** all at once; **en vacances** on vacation

en *pron. and adv.* of it, of them, from it, from them, about it, about them; on account of it, on account of them; some, any; **en avoir assez** be fed up; **en vouloir à** be angry with; have a grudge against

encore still; again; yet; what's more; **plus encore** even more

endosser put on

enfance *f.* childhood

enfant *m. and f.* child

enfantillage *m.* childish action

enfermer shut in

enfin finally; anyway; in any case; after all

énigme *f.* mystery

enlever take off

ennemi *m.,* ennemie *f.* enemy

ennuyé upset

ennuyer annoy, bother

ennuyeux, -euse embarrassing; bothersome, annoying

énorme enormous, huge

ensemble together; all together

ensuite next

entendre hear; understand; **entendre dire que** hear that; **entendre parler de** hear about

entendu okay, agreed; understood

entêtement *m.* stubbornness

enthousiasme *m.* enthusiasm

entier, entière entire; **tout entier** in its entirety

entouré (de) surrounded (by)

entraîner drag off; lead

entre between; among

entrer enter, go in

entrevue *f.* interview

envie *f.* desire; **avoir envie** want; feel like

envisager consider

envoyer send

épaule *f.* shoulder; **hausser les épaules** shrug one's shoulders

époque *f.* period, time; **à cette époque** at that time

épouser marry
épouvantable horrible
épouvanté horrified
épreuve f. ordeal; experiment, trial
éprouver feel
équipe f. team
errer wander
erreur f. mistake; en erreur mistaken
escalier m. stairway
espérer hope
espoir m. hope
essayer try
et and
état m. state
été m. summer; soir d'été summer evening
étonner surprise, astonish; s'étonner be surprised, be astonished
étrange strange
étrangement strangely
étranger m. stranger
être be; être à quelqu'un belong to someone; être à quelqu'un de be up to someone to; être amoureux de be in love with; être au courant de be aware of, be in the know, know about; être en arrêt stop short, stand looking at; être en colère be angry; être en train de be in the act of, be in the process of
être m. being, creature
étudier study
événement m. event
éviter avoid
exactement exactly
exagérer exaggerate
examiner examine
excentricité f. oddity, excentricity
exclusif, exclusive exclusive
excuser excuse
exécuter carry out
exigeant demanding
exiger demand
expliquer explain; s'expliquer comprehend
exprimer express

extraordinaire extraordinary
extrêmement extremely

F

face f. face; à la face in the face; en face de facing, opposite
fâcher anger; annoy; se fâcher become angry
facile easy
façon f. way; fashion; à sa façon in his own way; de la même façon in the same way; d'une façon durable in a lasting way; façon d'agir way of behaving
faible weak
faiblesse f. weakness
faire make; do; have (something done); let (something be done); cause (someone to do something, something to be done); cela ne fait rien that does not matter; comment se fait-il que how does it happen that; faire des reproches reproach; faire du bien do good; faire du mal do harm; faire la chambre clean the room; faire la vaisselle do the dishes; faire mal hurt; faire partie be a part; faire peur frighten; faire plaisir please; faire un faux pas (sometimes) slip; faire un scandale cause a scandal; faire une communication give a message; faire une promenade take a walk; faire voir show, let one see
fait m. fact; tout à fait entirely
falloir be necessary
famille f. family
fantôme m. ghost
faute f. fault, mistake
fauteuil m. armchair
faux, fausse false; faire un faux pas (sometimes) slip
féminin feminine; for women
femme f. woman; wife; instinct de femme woman's intuition

fenêtre *f.* window
ferme firm
fermer close
fier, fière proud
fille *f.* girl; daughter; **jeune fille** girl
fils *m.* son
finir finish; **finir par** end by, finally do
fixation: **abcès de fixation** an artificial abcess induced by an injection to localize a sickness
flatteur, -euse flattering
fleur *f.* flower
fois *f.* time; **en une seule fois** all at once
folie *f.* folly, nonsense, foolishness
folle (*f. of* fou) crazy, mad
follement madly; foolishly
fond, *m.* end; back; bottom; essence; **au fond** at the end; to the back; to the rear, in the rear; basically; essentially, after all
fonder found, start
force *f.* strength
forcément naturally; necessarily
formidable overwhelming, fantastic
fort strong; large; **à plus forte raison** all the more so
fou, fol; folle crazy, mad
fou *m.* madman
fouiller rummage
foutriquet (*slang*) "jerk"
franc *m.* franc (French monetary unit worth about 20¢ in American currency in 1914, about 6¢ in 1936)
français French
frapper knock; strike; impress
frère *m.* brother
froid cold
fromage *m.* cheese
front *m.* "front" line of battle
frotter rub
frustré frustrated, disappointed
fumer smoke
furieux, -euse furious
furtif, furtive furtive
fusil [fysi] *m.* rifle

fût (*imp. subj. of* être) was
futile futile, useless

G

gagner win
garçon *m.* boy
garder keep
gardien *m.* guard
gare *f.* railroad station
gars [gɑ] *m.* guy
gauche left
gendarme *m.* policeman, trooper
gêné embarrassed
gêner bother, disturb; embarrass
généralement generally
genou *m.* knee; **se mettre à genoux** kneel
genre *m.* type, sort, kind
gens *m. pl.* people; **jeunes gens** young men; young people
gentil, -le nice, kind
gentiment in a friendly way
géographie *f.* geography
geste *m.* gesture; **avoir un geste** make a gesture; **d'un geste** with a gesture
gifler slap
glace *f.* mirror
glu *f.* birdlime
goût *m.* taste
gouvernante *f.* governess
grand great; large, big; important; grown; **grande personne** adult; **pas grand-chose** not much
grand-père *m.* grandfather
gravement gravely
gravité *f.* seriousness
grenier *m.* attic
gris gray
gros, -se big, large
groupe *m.* group; **en groupe** in a group
grouper group
guère scarcely; **ne... guère** scarcely

guerre *f.* war; **en temps de guerre** in war-time
guetter spy on
gueule *f.* (*vulgar*) mouth, "mug"; **il s'était fait casser la gueule** "he'd got his face smashed"

H

* indicates an aspirate h

habiller dress, clothe; **s'habiller** get dressed
habitude *f.* habit
habituer (**s'**) accustom oneself to, become used to
*haine *f.* hatred
*harassé harassed; tired out
*hasard *m.* chance; accident; **au hasard** at random; **par hasard** by chance
*hâte *f.* haste
*hausser raise, lift; **hausser les épaules** shrug one's shoulders
*haut high; **là-haut** up there
*haut *m.* top; **du haut** from the top, from the heights
*hauteur *f.* height
*hé what
*hein eh? huh?
hélas [elɑs] alas
héritage *m.* inheritance
*héros *m.* hero
hésiter hesitate
heure *f.* hour; time; o'clock; **tout à l'heure** a little while ago; just now; **neuf heures moins cinq** five minutes before nine
heureux, -euse happy
heureusement fortunately
hier yesterday; **hier soir** last night, yesterday evening
histoire *f.* history; story; business; tales of woe, problems
homme *m.* man
honnête honest

honneur *m.* honor
honorer honor
*honte *f.* shame; **avoir honte** be ashamed
horrifié horrified
*hors out of, outside; besides; **hors de** outside of
hostilité *f.* fighting
*huit eight; **huit jours** a week
humainement humanly
humide damp, humid
humour *m.* humor, sense of humor
hybride hybrid
hypothèse *f.* hypothesis

I

ici here
idée *f.* idea
ignoblement shamefully
il he; it; **il y a** there is(are); ago
imaginaire imaginary
imaginer imagine
imbécile idiotic
immédiatement immediately
impardonnable unforgiveable
impatienter make impatient; **s'impatienter** become impatient
imperceptiblement imperceptibly; barely audibly
importer be important; **il n'importe** it does not matter; **n'importe où** anywhere
impression *f.* impression; **avoir l'impression** feel
imprudemment imprudently
impuissance *f.* helplessness
impuissant powerless
incliner slope; tilt; **s'incliner** yield, give in
inespéré unhoped for
infâme infamous
infiniment infinitely, exceedingly
ingénieur *m.* engineer
inhumain inhuman
inquiet, inquiète uneasy, worried

inquiéter disturb; bother; worry; **s'inquiéter de** become worried about; worry about; be uneasy about

inscription *f.* registration; **par ordre d'inscription** in the order of registration

insinuer insinuate

instant *m.* instant; **à l'instant** right away

instinct *m.* instinct; **instinct de femme** woman's intuition

intéressant interesting

intéressé interested (often implies a financial interest in someone or something)

intéresser interest; **s'intéresser à** be interested in

intérêt *m.* interest

interrogateur questioning

interroger question

intime intimate, close

introduire introduce; usher in

inviter invite

J

jamais never; not ever; ever; **à jamais** forever; **ne... jamais** never, not ever

jambe *f.* leg

jeter throw; **jeter un coup d'œil** glance; glance around, look around; **jeter un regard** glance

jeune young; **jeune fille** girl; **jeunes gens** young men; young people

joie *f.* joy

joli pretty

jouer play; **jouer au cricket** play cricket; **se jouer** be at stake

jouet *m.* toy

jour *m.* day; **huit jours** a week; **tous les jours** every day

journal *m.* newspaper

journée *f.* day; **toute la journée** all day long

joyeux, -euse joyous

jurer swear

jusqu'à until; to; **jusqu'à ce que** until; **jusqu'au bout** to the very end

jusque-là to that point

juste right; true

justement exactly

justifié justified

L

là there; **à ce point-là** that much; **là-haut** up there; **par là** that way

laid ugly

laisser let; leave (alone); **laisser croire** lead one to believe; **laisser faire** allow; **laissons** let's forget it; **ne vous laissez pas emporter** don't get carried away

lampiste *m.* lamp-lighter

lancer throw, hurl

large wide; extensive

larme *f.* tear

las, -se weary

laver wash

léger, légère light; slight; frivolous

légitime legitimate

lentement slowly

lettre *f.* letter

lever raise; **lever la main sur ma mère** almost strike my mother; **se lever** get up

lever *m.* rising

liberté *f.* liberty

libre free

librement freely

lieu *m.* place; **au lieu de** instead of

lingère *f.* seamstress

lire read

lit *m.* bed

livre *m.* book; **livre de classe** textbook

loger lodge

logique logical

loin far

long, longue long; **à la longue** in the long run
longtemps long; long time; **mettre longtemps à** take a long time to
lorsque when
lot [lo] *m.* lot, situation
lumière *f.* light
lundi *m.* Monday; **tous les lundis** every Monday
lunettes *f. pl.* glasses
lutter struggle

M

madame *f.* Madam; Mrs.
main *f.* hand; **lever la main sur ma mère** almost strike my mother; **prendre en main** take over
maintenant now
mais but
maison *f.* house; place of business, firm
maître *m.* master; title used with **avoué** and **avocat**; **maître d'hôtel** butler
maîtresse *f.* mistress
mal bad, badly
mal *m.* trouble; pain; **avoir mal** be in pain, hurt; **faire du mal** do harm; **faire mal** hurt
malade sick, ill; **tomber malade** become sick
malade *m.* patient
maladroit awkward, clumsy
malgré despite, in spite of
malheur *m.* bad luck; misfortune; **porter malheur** bring bad luck
malheureusement unfortunately
malheureux -euse unhappy; unfortunate
malheureux *m.* unhappy or unfortunate fellow
malle *f.* trunk
maman *f.* mamma, mom
manteau *m.* coat
marbre *m.* marble

marcher walk
marier marry (give in marriage); **se marier** marry, get married
matériel, -le material (financial)
matin *m.* morning; **(quatre) heures du matin** (four) o'clock in the morning
mauvais bad
méchant bad; mean, nasty
médecin *m.* doctor, physician
meilleur better; best; **le meilleur** (the) best
même same; very; itself; **de la même façon** in the same way; **en même temps** at the same time; **même pas** not...even; **quand même** even so; **tout de même** all the same
mémoire *f.* memory
mère *f.* mother
merveilleux, -euse marvelous
mesdames (*pl. of* **madame**) ladies
messieurs (*pl. of* **monsieur**) gentlemen
mesure *f.* measure
méthode *f.* method
mettre put, place; **mettre longtemps à** take a long time to; **se mettre à** begin to; **se mettre à genoux** kneel
meuble *m.* piece of furniture
mieux better; **aimer mieux** prefer; **valoir mieux** be better
mille thousand
millier *m.* thousand
mineur *m.*, **mineure** *f.* minor (under age)
modèle *m.* model, version
moindre less; **le (la) moindre** the least, the slightest
moins less; **au moins** at least; **du moins** at least; **le (la) moins** least; **tout au moins** at the very least
mois *m.* month
moitié *f.* half; **à moitié** half
moment *m.* moment; **à ce moment-là** at that time, then; **en ce moment** at this time, now
monde *m.* world; people; **tout le monde** everyone
monsieur Mr.; man

monstre *m.* monster
monter go up; climb;   **monter à cheval**
  go horseback riding
montrer show
moquer (se) de make fun of, laugh at
moqueur, -euse mocking; teasing
morceau *m.* piece
mort (*pp. of* **mourir**) dead
mort *f.* death
mot *m.* word
motif *m.* motive;   **sans motif** without
  reason
mourir die
moustache *f.* mustache
mur *m.* wall
murmurer murmur
musicien *m.* musician
musique *f.* music

N

nager swim
naissance *f.* birth; beginning
naître be born
natal native;   **ville natale** home town
naturellement naturally
ne no, not;   **ne... aucun** no, no one;
  none;   **ne... guère** scarcely;   **ne...
  jamais** never;   **ne... ni... ni...**neither
  ...nor;   **ne... personne** no one;   **ne...
  plus** no longer;   **ne... plus que** no
  longer anything but;   **ne... point**
  not at all;   **ne... que** only; not...
  until;   **ne... rien** nothing
nerveux, -euse nervous
n'est-ce pas? isn't that so?
neuf nine
neuf, neuve new; innocent
neveu *m.* nephew
nez *m.* nose
ni... ni neither...nor
noir black;   **aux eaux noires** with black
  waters
nom *m.* name
nombre *m.* number

non no;   **non plus** neither; not...either
notifier notify
nous: c'était à nous de it was up to us to,
  it was our responsibility to
nouveau, nouvel; nouvelle new
nouvelle *f.* (piece of) news
nuit *f.* night;   **cette nuit** last night

O

objet *m.* object
obliger oblige
obscur dark
obscurément obscurely
observateur *m.* observer
obtenir obtain
occasion *f.* occasion;   opportunity;
  avoir l'occasion have the chance
occuper (s') de busy oneself with; take
  care of
œil *m.* (*pl.* **yeux**) eye;   **coup d'œil**
  glance;   **jeter un coup d'œil** glance,
  glance around, look around
œuf *m.* egg
œuvre *f.* work;   **œuvre d'art** work of
  art
offenser offend
offrir offer
oiseau *m.* bird
ombre *f.* shadow
omoplate *f.* shoulder blade
oncle *m.* uncle
opposé opposite
opposer oppose
orchestre [ɔrkɛstr] *m.* orchestra
ordre *m.* order;   **par ordre d'inscription**
  in order of registration
orgueil *m.* pride
Orléans French city between Paris and
  Tours
oser dare
ou or
où where; when
ouais(= **oui**) yes, yep, yeah
oublier forget

oui yes
outragé outraged
outre: en outre besides
ouvrir open

P

pain *m.* bread
palier *m.* landing
paquet *m.* package; bundle
par by; through; **par hasard** by chance; **par là** that way; **par ordre d'inscription** in order of registration; **par terre** on the ground; on the floor; **finir par** end by; finally do
paraître seem; appear
paralytique paralyzed
parc *m.* park
parce que because
pardonner pardon
pareil, -le similar; such
parent *m.* parent; relative
parfait perfect
parfois sometimes
parier bet
parler speak; talk; **entendre parler de** hear about
parmi among
part *f.* part; **à part** aside; besides; except for; **de la part de** in behalf of; **pour ma part** as far as I'm concerned; **quelque part** somewhere
particulièrement particularly
partie *f.* part; **faire partie** be a part
partir leave
partout everywhere
pas *m.* step; **à deux pas** two steps away; right near; **faire un faux pas** (*sometimes*) slip
pas not; no; **même pas** not...even; **ne... pas** not
passage *m.* path
passé *m.* past
passer pass; spend; go by; **se passer** happen
passionnément passionately

pathétique pathetic
patron *m.* boss
patte *f.* paw; leg (of an animal)
pauvre poor; unfortunate; **pauvre petit** unfortunate little fellow
pays *m.* country
paysan *m.* peasant
peau *f.* skin
pédale *f.* pedal; **coup de pédale** turn of the pedal
peine *f.* trouble; pain; **à peine** scarcely
pencher lean, bend; **se pencher** lean
pendant during
pénible painful
péniblement painfully; reluctantly
pensée *f.* thought
penser (à) think (of)
perdre lose
père *m.* father
permettre permit, allow; **se croire tout permis** think one can get away with anything; **se permettre de** allow oneself to, take the liberty of
permission *f.* leave
persienne *f.* shutter
personnage *m.* character (in a play)
personne *f.* person; **grande personne** adult; **ne... personne** no one, not... anyone
personnel, -le personal
personnellement personally
personnifier personify
petit small; **le plus petit espoir** the slightest hope; **mon petit** my friend; **pauvre petit** unfortunate little fellow
peu little, a little; somewhat; not very; **peu à peu** little by little; **peu de chose** little, not much; **un peu** a little
peuplé de filled with, peopled with
peur *f.* fear; **avoir peur** be afraid; **faire peur** frighten
peut-être perhaps
photographie *f.* photo
phrase *f.* sentence
pièce *f.* room

pied *m.* foot; **à pied** on foot; **sur la pointe des pieds** on tip-toe

pierre *f.* stone

pieusement piously

pire worse; worst

pis worse; **tant pis** too bad, so much the worse

place *f.* place; job

plaindre pity; **se plaindre** complain

plaire please; **s'il vous plaît** please

plaisanter joke

plaisir *m.* pleasure; **faire plaisir** please; **me faire le plaisir de** do me the favor of, be so kind as to

planter plant

plâtre *m.* plaster; cast

plein full

pleurer cry

plissement *m.* pursing; **plissement de bouche** pouting

plisser purse; **plisser la bouche** pout

plus more; most; **de plus** more; **en plus** in addition; **il n'en peut plus** he's exhausted; **ne... plus** no longer; **ne... plus que** no longer anything but; **non plus** neither; not...either; **plus encore** even more; **plus tard** later; **plus tôt** earlier

plusieurs several

plutôt rather

pneumonie *f.* pneumonia

poche *f.* pocket; **en poche** in one's pocket

poignet *m.* wrist

point *adv.* not; **ne... point** not at all

point *m.* point; **à ce point** to that extent; **à ce point-là** that much; **au point de vue** from the point of view; **en tous points** in every way

pointe *f.* point; **sur la pointe des pieds** on tip-toe

poli polite

policier *m.* policeman

porte *f.* door; **porte aux deux battants** French (i.e. double) door

porter carry; **porter malheur** bring bad luck

poser put, place; **poser une question** ask a question; **se poser** set oneself up

posséder possess

pour for; to, in order to; **adroit pour cela** skillful, good at that; **pour ma part** as far as I'm concerned; **pour que** in order that, so that

pourcentage *m.* percentage

pourquoi why

pourtant however, nevertheless

pousser push; **pousser quelqu'un à** (+*inf.*) push someone into doing something, induce someone to do something

pouvoir can, be able; **je n'y peux rien** I can't do anything about it; **il n'en peut plus** he's exhausted

précéder precede

précis precise, exact

précisément precisely, exactly

préférer prefer

prématurément prematurely

premier, -ère first; **le premier** the first one

prendre take; seize; pick; catch; **prendre en main** take over; **prendre une décision** make a decision

préparer prepare

près (de) near, close; almost, nearly; about

présent here; **à présent** right now

présenter introduce; show

presque almost

presse *f.* press

pressé hurried, in a hurry

présumé supposed

prêt ready

prétendre claim

prétexte *m.* pretext; **sous prétexte** on the pretext

preuve *f.* proof

prévenir warn; inform

prier ask; beg; **je vous en prie** please

principe *m.* principle
printemps *m.* spring
prise: prise de contact initial contact
prisonnier *m.* prisoner
prix *m.* price
probable probable; **peu probable** improbable
problème *m.* problem
profaner desecrate
profiter profit
profondément profoundly
prolongement *m.* extension
promenade *f.* walk; **faire une promenade** take a walk
promener take for a walk; lead; take (someone) around, parade (someone) around
promettre promise
prononcer pronounce
prouver prove
psychiatre *m.* psychiatrist
psychiatrie *f.* psychiatry
public, publique public
puis then; **et puis** besides, moreover; **et puis après** and so what
puisque since
puissant strong, powerful
pur pure
putois *m.* skunk

Q

quai *m.* platform
quand when; **quand même** even so
quarante forty
quart *m.* quarter; **quart d'heure** fifteen minutes
quatorze fourteen
quatre four
quatre-vingt-sept eighty-seven
que *conj.* that; than; as; how; when; (*with subj.*) let; may; (*sometimes untranslatable*); **dès que** as soon as; **ne... que** only; not...until
que *pron.* that; whom; which; what; **qu'est-ce que c'est que** what is;

qu'est-ce que tu as what's the matter with you; **qu'est-ce que vous voulez** what do you expect
quel, -le what; what a; **quel que** whatever; **quelle peut être notre patience** how great our patience must be
quelque some; few; several; **quelque chose d'agréable** something pleasant; **quelque part** somewhere
quelquefois sometimes
quelqu'un someone; **quelqu'un de très important** someone very important
quinze fifteen
quitter leave; **quitter des yeux** stop looking at
quoi what; which; **à quoi bon** what's the use
quoique although

R

raconter tell
raison *f.* reason; **avoir raison** be right; **à plus forte raison** all the more so
rampe *f.* hand-rail
rapidement rapidly
rappeler call back; **se rappeler** remember, recall
rapprocher bring near; **se rapprocher** approach, draw near
rarement rarely
rassurer reassure; **rassurez-vous** don't worry
ravi delighted
réapprendre relearn
recevoir receive
rechercher search for; look for
réciter recite
réclamer claim; ask for; demand
réconcilier reconcile
reconnaissance *f.* gratitude
reconnaissant grateful
reconnaître recognize; realize; be aware of

reconstitution *f.* reconstruction
recopier recopy
recouvrir recover
reculer back away, draw back
redescendre climb down again
redevenir become again
redoutable overwhelming; dangerous
refermer close again
réfléchir reflect, think; think it over
reflet *m.* reflection
réflexion *f.* thought; **après réflexion**
on second thought
refuser refuse, reject
regard *m.* look
regarder look (at), watch
régiment *m.* (*sometimes*) military service
règlement *m.* regulation; (*sometimes*)
system
regret *m.* regret; **à regret** regretfully
rejoindre join
relever raise again, lift again; **se**
relever get up again
remercier thank
remettre put back; give back; hand to;
se remettre à begin to again
remords *m. pl.* remorse
remplacement *m.* replacement; **en rem-**
placement as a substitute
rencontre *f.* meeting
rencontrer meet
rendre give back; give up; make; **se**
rendre compte realize
renoncer à renounce, give up
renseignement *m.* (piece of) information
rentrer come back
renverser knock over
reparler talk again
repartir leave again
répéter repeat
répondre answer
réponse *f.* response
reprendre take again; take back; resume
représenter represent
reproche *f.* reproach; **faire des re-**
proches reproach
résister resist, withstand

ressemblant similar, alike
ressembler à resemble
ressortir come out again
rester stay, remain; **il ne te restait**
plus que you no longer had anything
but
résultat *m.* result
retard *m.* lateness; delay; **en retard**
late (not on time)
retour *m.* return; **au retour** upon
returning
retourner return; **se retourner** turn
around
retrouver find again
réussir succeed
revanche: en revanche on the other
hand
rêve *m.* dream
réveiller waken, rouse; **se réveiller**
awaken, wake up
revenir come back, return; **revenir à**
soi "come to"; come out of a daze
rêver dream
rêveur, -euse dreamily
revoir see again
richissime (*Ital. influence*) very rich
rideau *m.* curtain
ridicule ridiculous
rien nothing; **cela ne fait rien** that
doesn't matter; **en rien** in any way;
ne... rien nothing; **ça n'a rien à**
voir avec that has nothing to do
with
rigoler laugh; snicker
rigueur *f.* strictness
rire *m.* laugh; **éclater de rire** burst
out laughing; **éclater d'un bon rire**
burst out laughing heartily; **rire de**
laugh at
rire laugh
rivalité *f.* rivalry
rive *f.* side (of a river), bank (of a river);
aux rives sans nom with nameless
banks
robe *f.* dress; **robe de chambre** dressing
gown, robe

roc *m.* rock
rocher *m.* rock
roi *m.* king
romanesque romantic
rond plump
rouler roll;   **se rouler** throw oneself
rue *f.* street

S

sac *m.* bag
sacré sacred
sacrifier sacrifice
saint saintly, holy
salade *f.* lettuce
salaud *m.* bastard
salle *f.* room;   **salle de bain(s)** bath-
    room
salon *m.* living room
sanglot *m.* sob
sans without;   **sans blague** no kidding;
    sans doute probably;   **sans motif**
    without reason;   **sans que** without
satisfait satisfied
sauce *f.* gravy; sauce
sauter jump
sauvage wild
sauvagement savagely
sauver save
savoir know;   (*+inf.*) know how to;
    vous avez su you found out, learned;
    (*rarely*) knew
scandale *m.* scandal;   **faire un scandale**
    cause a scandal
scène *f.* stage; scene
scrupuleusement scrupulously
séducteur seducer
selon according to
semaine *f.* week
semblable similar, like
sembler seem
sentir feel;   **se sentir** feel, feel oneself
sept seven
sérénité *f.* serenity
sérieusement seriously

serrure *f.* lock;   **trou de la serrure** key-
    hole
servir serve;   **se servir de** use
seuil *m.* threshold
seul alone; only;   **en une seule fois** all
    at once
sévèrement severely
si if; what if; yes; very; so
siens *m. pl.* his; his family
signe *m.* sign
signer sign
significatif, significative significant
simplement simply
simplicité *f.* simplicity
sinon if not
six six
sœur *f.* sister
soigner care for
soigneusement carefully
soin *m.* care
soir *m.* evening;   **hier soir** last night,
    yesterday evening;   **le soir** in the
    evening;   **soir d'été** summer evening
soleil *m.* sun
sombre dark
somme *f.* sum;   **en somme** after all
songer think
sonner ring
sort *m.* fate
sorte *f.* sort, kind;   **de la sorte** in that
    way
sortie *f.* departure
sortir leave;   **au sortir** on leaving;   **en
    sortir** get out of a situation
sou *m.* cent
souci *m.* worry
soudain suddenly
souffrance *f.* suffering
souffrir suffer
souhaiter wish
soupirer sigh
sourdement in a hollow voice
sourire *m.* smile
sourire smile
sous under; during;   **sous prétexte** on
    the pretext

soutenir support, back up
souvenir *m.* memory
souvenir (se) remember
souvent often
sportif, sportive sporting
stupidement stupidly
su (*pp. of* **savoir**) learned, found out; (*rarely*) knew
succession *f.* inheritance
suffire be enough, be sufficient, suffice
suffisamment sufficiently
suffisant sufficient, enough
suite *f.* continuation; result; **tout de suite** immediately
suivre follow
sujet *m.* subject; **au sujet de** about
supplier beg
supporter bear, put up with
sur on; over
sûr sure; **bien sûr** certainly
sûrement surely, certainly
surprenant surprising
surpris surprised
surtout especially; above all
surveiller watch
suspecter suspect
Sussex *m.* Sussex (county in southern England located on the English Channel)
sympathie *f.* sympathy; best wishes

T

t' (*as subject of sentence*) = **tu** (in familiar style)
tabac [taba] *m.* tobacco
table *f.* table; **à table** at the table
tableau *m.* picture
tâche *f.* task
tâcher try
tailleur *m.* tailor
taire (se) be still, keep silent
tandis que while
tant so much; so many; **tant pis** too bad, so much the worse; **tant que** as long as

tante *f.* aunt
taper tap
tard late (not early); **plus tard** later; **trop tard** too late
tasse *f.* cup
tel, -le such; **un tel** such a; **tel que** such as
téléphoner telephone
tellement so; so much, so many; so well
temps *m.* time; pause; **du temps de** at the time of; **en même temps** at the same time; **en temps de guerre** in wartime
tendre hold out
tendresse *f.* tenderness
tenir hold; last; **tenir à** want; **tenez** say; look; **tiens** say; look
tenter try
terme *m.* term; **en bons termes** on good terms
terminer end
terre *f.* earth; ground; **par terre** on the ground; on the floor
terriblement terribly
tête *f.* head; **tourner la tête à quelqu'un** go to someone's head
théâtral theatrical
timbre-poste *m.* stamp
timide shy
tombe *f.* tomb
tomber fall; **tomber malade** become sick
ton *m.* tone
toquée *f.* crazy old nut
tort *m.* wrong; **avoir tort** be wrong
torturant torturing; **ce que ça peut être torturant** how torturing that can be
tôt soon; early; **plus tôt** earlier
touchant touching
toujours always; still; **toujours est-il que** the fact remains that
tour *m.* turn; **à son tour** in (his) turn
tourner turn; **tourner la tête à quelqu'un** go to someone's head

tous [tus] (*pron.*) everyone
tout all; every; whole; everything; everybody; **avant tout** above all; **en tout cas** at any rate; **en tous points** in every way; **tous deux** both; **tous les deux** both; **tous les jours** everyday; **tous les lundis** every Monday; **tous les trois** all three; **tout le monde** everyone; **voilà tout** that's all
tout (*adv.*) quite, completely; very; all; **pas du tout** not at all; **tout à fait** entirely, quite; **tout à l'heure** a little while ago; just now; **tout au bord** right on the edge; **tout au moins** at the very least; **tout de même** all the same; **tout de suite** immediately; **tout en** (+*pres. part.*) while + (*pres. part.*); **tout entier** in its entirety; **toute la journée** all day long
traduire translate
train *m.* train; **être en train de** be in the act of, be in the process of
traîner drag
traiter treat
tramway *m.* streetcar
tranquille tranquil, calm
tranquillement peacefully
traquer hunt
travers: **à travers** across; **à travers champs** across the fields, through the fields
traverser cross
trembler tremble
trémolo rapid repetition of a musical tone or of alternating tones to produce a vibrating effect
trente-trois thirty-three
très very
triomphant triumphal
triste sad
trois three; **tous les trois** all three
troisième third
tromper deceive; **se tromper** be mistaken
trop too; too much; **trop tard** too late

trou *m.* hole; **trou de la serrure** keyhole
troublant perplexing
troubler trouble, disturb, bother; **se troubler** become upset
trouver find; **se trouver** be found, be located, be situated, be; **vous ne trouvez pas?** don't you think so?
tuer kill

U

unique only

V

vacances *f. pl.* vacation; **en vacances** on vacation
vaguement vaguely
vaisselle *f.* dishes; **faire la vaisselle** do the dishes
valet *m.* valet; **valet de chambre** valet, man servant
valoir merit; be worth; **valoir mieux** be better, best
vécu (*pp. of* **vivre**) lived
vendre sell
venir come; **venir de** have just
venue *f.* arrival
véritable real
vérité *f.* truth
vers toward, to; about
vertu *f.* virtue
veste *f.* suit coat
vestibule *m.* hall
vêtir dress
vide empty
vie *f.* life
vieillard *m.* old man
vieux, vieil, vieille old; **mon vieux** old man; old chap
ville *f.* town; **ville natale** home town
vingt twenty
vingt-six twenty-six
vingtaine *f.* about twenty

violer rape, ravish

violon *m.* violin

visage *m.* face

visite *f.* visit

vite quickly

vivant living

vivre live

voici here is, are

voilà there!; there is (are); **le voilà** there he is; **voilà tout** that's all

voir see; **ça n'a rien à voir avec** that has nothing to do with; **faire voir** show, let one see; **voyons** after all; look here

voix *f.* voice

voler steal

vouloir want, wish; like; desire; expect;

bien vouloir be so kind as; **en vouloir à** be angry with; have a grudge against; **qu'est-ce que vous voulez** what do you expect; **vouloir bien** be willing; **vouloir dire** mean

voyons after all; look here

vrai true; **à vrai dire** really, honestly

vraiment really

vu (*pp. of* **voir**) seen; **vu que** seeing that, considering that

vue *f.* view; sight; **au point de vue** from the point of view

Y

yeux (*pl. of* **œil**) eyes; **quitter des yeux** stop looking at